Un Mari idéal

Par Oscar Wilde

TITRE ORIGINAL | AN IDEAL HUSBAND

AUTEUR | OSCAR WILDE

TRADUCTION | F. NASCIMENTO

COUVERTURE | F. NASCIMENTO

PAGINATION | F. NASCIMENTO

CONTENU

Les personnages de la pièce

Le comte de Caversham, K.G.

VICOMTE GORING, son fils

SIR ROBERT CHILTERN, Bart., Sous-secrétaire aux Affaires étrangères

VICOMTE DE NANJAC, Attaché à l'ambassade de France à Londres

M. MONTFORD

MASON, majordome de Sir Robert Chiltern

PHIPPS, le serviteur de Lord Goring

JAMES }

HAROLD } Valets

LADY CHILTERN

LADY MARKBY

LA COMTESSE DE BASILDON

MME MARCHMONT

MISS MABEL CHILTERN, la sœur de Sir Robert Chiltern

MME CHEVELEY

Les scènes de la pièce

ACTE I. *La salle octogonale dans la maison de Sir Robert Chiltern à Grosvenor Square.*

ACTE II. *La salle du matin dans la maison de Sir Robert Chiltern.*

ACTE III. *La bibliothèque de la maison de Lord Goring à Curzon Street.*

ACTE IV. *Identique à l'acte II.*

TEMPS : *Le présent*

LIEU : *Londres.*

L'action de la pièce se déroule en vingt-quatre heures.

THÉÂTRE ROYAL, HAYMARKET

Propriétaire exclusif : M. Herbert Beerbohm Tree

Directeurs : M. Lewis Waller et M. H. H. Morell

3 janvier 1895

LE COMTE DE CAVERSHAM *M. Alfred Bishop.*

VICOMTE GORING *M. Charles H. Hawtrey.*

SIR ROBERT CHILTERN *M. Lewis Waller.*

VICOMTE DE NANJAC *M. Cosmo Stuart.*

M. MONTFORD *M. Harry Stanford.*

PHIPPS *M. C. H. Brookfield.*

MASON *M. H. Deane.*

JAMES *M. Charles Meyrick.*

HAROLD *M. Goodhart.*

LADY CHILTERN *Mlle Julia Neilson.*

LADY MARKBY *Mlle Fanny Brough.*

LA COMTESSE DE BASILDON *Mlle Vane Featherston.*

MME MARCHMONT *Mlle Helen Forsyth.*

MISS MABEL CHILTERN *Mlle Maud Millet.*

MME CHEVELEY *Mlle Florence West.*

PREMIER ACTE

Scène

La salle octogonale dans la maison de Sir Robert Chiltern à Grosvenor Square.

[La pièce est brillamment éclairée et remplie d'invités. En haut de l'escalier, se tient LADY CHILTERN, une femme d'une beauté grecque grave, d'environ vingt-sept ans. Elle accueille les invités à mesure qu'ils montent. Au-dessus du puits de l'escalier se trouve un grand lustre avec des bougies en cire, qui illuminent une grande tapisserie française du XVIIIe siècle - représentant le Triomphe de l'Amour, d'après un dessin de Boucher - qui est étendue sur le mur de l'escalier. À droite se trouve l'entrée de la salle de musique. On entend faiblement le son d'un quatuor à cordes. L'entrée de gauche mène à d'autres salles de réception. MME MARCHMONT et LADY BASILDON, deux femmes très jolies, sont assises côte à côte sur un canapé Louis Seize. Elles sont des exemples d'une fragilité exquise. Leur affectation de manières a un charme délicat. Watteau aurait aimé les peindre.]

MME MARCHMONT. Tu vas chez les Hartlock ce soir, Margaret ?

LADY BASILDON. Je suppose. Et toi ?

MME MARCHMONT. Oui. Quelles soirées ennuyeuses ils organisent, n'est-ce pas ?

LADY BASILDON. Terriblement ennuyeuses ! Je ne sais jamais pourquoi j'y vais. Je ne sais jamais pourquoi je vais quelque part.

MME MARCHMONT. Je viens ici pour être éduquée.

LADY BASILDON. Ah ! Je déteste être éduquée !

MME MARCHMONT. Moi aussi. Ça nous met presque au même niveau que les classes commerciales, n'est-ce pas ? Mais chère Gertrude Chiltern me dit toujours que je devrais avoir un but sérieux dans la vie. Alors je viens ici pour essayer d'en trouver un.

LADY BASILDON. [*Regardant autour d'elle avec sa lorgnette.*] Je ne vois personne ici ce soir que l'on pourrait appeler sérieux. L'homme qui m'a accompagnée au dîner ne m'a parlé que de sa femme tout le temps.

MME MARCHMONT. Comme c'est futile de sa part !

LADY BASILDON. Terriblement futile ! Et votre compagnon, de quoi a-t-il parlé ?

MME MARCHMONT. De moi-même.

LADY BASILDON. [*D'un ton languissant.*] Et cela vous a-t-il intéressée ?

MME MARCHMONT. [*Secouant la tête.*] Pas le moins du monde.

LADY BASILDON. Que nous sommes des martyres, chère Margaret !

MME MARCHMONT. [*Se levant.*] Et comme cela nous va bien, Olivia !

[*Elles se lèvent et se dirigent vers la salle de musique. LE VICOMTE DE NANJAC, un jeune attaché connu pour ses cravates et son anglophilie, s'approche en faisant une révérence et engage la conversation.*]

MASON. [*Annonçant les invités depuis le haut de l'escalier.*] M. et Lady Jane Barford. Lord Caversham.

[*Entre LORD CAVERSHAM, un vieil homme de soixante-dix ans, portant le ruban et l'étoile de l'Ordre de la Jarretière. Un véritable représentant des Whigs. Un peu comme un portrait par Lawrence.*]

LORD CAVERSHAM. Bonsoir, Lady Chiltern ! Mon bon à rien de fils est-il déjà ici ?

LADY CHILTERN. [*Souriant.*] Je ne pense pas que Lord Goring soit arrivé encore.

MABEL CHILTERN. [*S'approchant de LORD CAVERSHAM.*] Pourquoi appelez-vous Lord Goring bon à rien ?

[MABEL CHILTERN *est un exemple parfait du type de beauté anglais, le type fleur de pommier. Elle possède toute la fragrance et la liberté d'une fleur. Les rayons du soleil dansent dans ses cheveux, et sa petite bouche, aux lèvres légèrement entrouvertes, est empreinte d'attente, comme celle d'un enfant. Elle a la tyrannie fascinante de la jeunesse et le courage étonnant de l'innocence. Pour les personnes saines d'esprit, elle ne rappelle aucun chef-d'œuvre artistique. Mais elle ressemble vraiment à une statuette de Tanagra, et elle serait plutôt contrariée si on lui disait cela.*]

LORD CAVERSHAM. Parce qu'il mène une vie si oisive.

MABEL CHILTERN. Comment pouvez-vous dire une chose pareille ? Eh bien, il fait de l'équitation dans la Row à dix heures du matin, va à l'Opéra trois fois par semaine, change de vêtements au moins cinq fois par jour et dîne à l'extérieur chaque soir de la saison. Vous n'appelez pas ça mener une vie oisive, n'est-ce pas ?

LORD CAVERSHAM. [*La regardant avec une lueur bienveillante dans les yeux.*] Vous êtes une jeune femme charmante !

MABEL CHILTERN. Comme c'est gentil de dire cela, Lord Caversham ! Venez donc plus souvent chez nous. Vous savez que nous sommes toujours chez nous le mercredi, et vous avez si belle allure avec votre étoile !

LORD CAVERSHAM. Je ne vais nulle part maintenant. J'en ai assez de la société londonienne. Je ne verrais aucun inconvénient à être présenté à mon propre tailleur ; il vote toujours du bon côté. Mais je suis catégoriquement opposé à être envoyé dîner avec la modiste de ma femme. Je n'ai jamais pu supporter les chapeaux de Lady Caversham.

MABEL CHILTERN. Oh, j'adore la société londonienne ! Je pense qu'elle s'est énormément améliorée. Elle est désormais entièrement composée de beaux idiots et de lunatiques brillants. Exactement ce que la société devrait être.

LORD CAVERSHAM. Hum ! Et Goring ? Beau idiot ou l'autre chose ?

MABEL CHILTERN. [*Gravement.*] J'ai été obligée, pour l'instant, de classer Lord Goring dans une catégorie à part. Mais il se développe de manière charmante !

LORD CAVERSHAM. Dans quelle catégorie ?

MABEL CHILTERN. [*Avec une petite révérence.*] Je compte vous le faire savoir très bientôt, Lord Caversham !

MASON. [*Annonçant les invités.*] Lady Markby. Mme Cheveley.

[*Entre* LADY MARKBY *et* MME CHEVELEY. LADY MARKBY *est une femme agréable, aimable et populaire, aux cheveux gris à la marquise et à la belle dentelle.* MME CHEVELEY, *qui l'accompagne, est grande et plutôt mince. Des lèvres très fines et très colorées, une ligne écarlate sur un visage pâle. Des cheveux roux vénitien, un nez aquilin et un long cou. Le rouge à joues accentue la pâleur naturelle de son teint. Des yeux gris-verts qui bougent sans cesse. Elle est vêtue d'héliotrope, avec des diamants. Elle ressemble un peu à une orchidée et suscite une grande curiosité. Dans tous ses mouvements, elle est extrêmement gracieuse. Une œuvre d'art, dans l'ensemble, mais montrant l'influence de trop de courants.*]

LADY MARKBY. Bonsoir, chère Gertrude ! C'est si gentil de me permettre d'amener mon amie, Mme Cheveley. Deux femmes aussi charmantes devraient se connaître !

LADY CHILTERN. [*S'approche de* MME CHEVELEY *avec un doux sourire. Puis s'arrête soudainement et s'incline plutôt froidement.*] Je crois que Mme Cheveley et moi nous sommes déjà rencontrées. Je ne savais pas qu'elle s'était remariée.]

LADY MARKBY. [*Avec bienveillance.*] Ah, de nos jours, les gens se marient aussi souvent qu'ils le peuvent, n'est-ce pas ? C'est très à la mode. [*À* DUCHESS OF MARYBOROUGH.] Chère duchesse, comment va le duc ? Le cerveau toujours faible, je suppose ? Eh bien, c'est à prévoir, n'est-ce pas ? Son bon père était exactement pareil. Rien ne vaut la lignée, n'est-ce pas ?]

MME CHEVELEY. [*Jouant avec son éventail.*] Mais nous nous sommes vraiment déjà rencontrées, Lady Chiltern ? Je ne me souviens pas où. J'ai été absente de l'Angleterre si longtemps.

LADY CHILTERN. Nous étions à l'école ensemble, Mme Cheveley.
MME CHEVELEY [*Avec dédain.*] Vraiment ? J'ai tout oublié de mes années d'école. J'ai une vague impression qu'elles étaient détestables.

LADY CHILTERN. [*Froidement.*] Je ne suis pas surprise !

MME CHEVELEY. [*Avec son ton le plus doux.*] Savez-vous, j'ai vraiment hâte de rencontrer votre mari intelligent, Lady Chiltern. Depuis qu'il est au Foreign Office, il est tellement mentionné à Vienne. Ils réussissent même à orthographier correctement son nom dans les journaux. C'est en soi une forme de célébrité, sur le continent.

LADY CHILTERN. Je doute qu'il y ait beaucoup de points communs entre vous et mon mari, Mme Cheveley ! [*S'éloigne.*]

VICOMTE DE NANJAC. Ah, chère Madame, quelle surprise ! Je ne vous ai pas vue depuis Berlin !

MME CHEVELEY. Pas depuis Berlin, Vicomte. Il y a cinq ans !

VICOMTE DE NANJAC. Et vous êtes plus jeune et plus belle que jamais. Comment faites-vous ?

MME CHEVELEY. En me faisant une règle de ne parler qu'avec des personnes parfaitement charmantes comme vous.

VICOMTE DE NANJAC. Ah, vous me flattez. Vous me beurrez, comme on dit ici.

MME CHEVELEY. Est-ce qu'ils disent ça ici ? Comme c'est affreux !

VICOMTE DE NANJAC. Oui, ils ont une langue merveilleuse. Elle devrait être plus largement connue.

[SIR ROBERT CHILTERN *entre. Un homme de quarante ans, mais ayant l'air un peu plus jeune. Rasé de près, avec des traits finement taillés, des cheveux foncés et des yeux sombres. Une personnalité marquante. Pas populaire - peu de personnalités le sont. Mais intensément admiré par quelques-uns et profondément respecté par beaucoup. La note de son attitude est celle de la parfaite distinction, avec une légère touche d'orgueil. On sent qu'il est conscient du succès qu'il a obtenu dans la vie. Un tempérament nerveux, avec un air fatigué. La bouche et le menton finement ciselés contrastent de manière frappante avec l'expression romantique de ses yeux enfoncés. Cette divergence suggère une séparation presque totale de la passion et de l'intellect, comme si la pensée et l'émotion étaient chacune isolées dans leur propre sphère par une certaine violence de la volonté. Il y a de la nervosité dans les narines et dans les mains pâles, minces et pointues. Il serait inexact de le qualifier de pittoresque. Le pittoresque ne peut pas survivre à la Chambre des communes. Mais Vandyck aurait aimé peindre sa tête.*]

SIR ROBERT CHILTERN. Bonsoir, Lady Markby ! J'espère que vous avez amené Sir John avec vous ?

LADY MARKBY. Oh ! J'ai amené une personne beaucoup plus charmante que Sir John. Le tempérament de Sir John depuis qu'il s'est sérieusement lancé en politique est devenu insupportable. Vraiment, maintenant que la Chambre des communes essaie de devenir utile, elle fait beaucoup de mal.

SIR ROBERT CHILTERN. J'espère que non, Lady Markby. En tout cas, nous faisons de notre mieux pour gaspiller le temps du public, n'est-ce pas ? Mais qui est cette charmante personne que vous avez eu la gentillesse de nous présenter ?

LADY MARKBY. Elle s'appelle Mrs. Cheveley ! Une des Cheveleys du Dorsetshire, je suppose. Mais je ne sais vraiment pas. Les familles sont si mélangées de nos jours. En fait, en règle générale, tout le monde se révèle être quelqu'un d'autre.

SIR ROBERT CHILTERN. Mrs. Cheveley ? Le nom me dit quelque chose.

LADY MARKBY. Elle vient d'arriver de Vienne.

SIR ROBERT CHILTERN. Ah oui, je crois savoir de qui vous parlez.

LADY MARKBY. Oh, elle est invitée partout là-bas et a tant de scandales plaisants à raconter sur tous ses amis. Je dois vraiment aller à Vienne l'hiver prochain. J'espère qu'il y a un bon chef à l'ambassade.

SIR ROBERT CHILTERN. S'il n'y en a pas, l'ambassadeur devra certainement être rappelé. Veuillez me présenter Mrs. Cheveley. J'aimerais la voir.

LADY MARKBY. Laissez-moi vous présenter. [À MME CHEVELEY.] Ma chère, Sir Robert Chiltern meurt d'envie de vous connaître !

SIR ROBERT CHILTERN. [*S'inclinant.*] Tout le monde meurt d'envie de connaître la brillante Mrs. Cheveley. Nos attachés à Vienne ne nous écrivent que sur elle.

MME CHEVELEY. Merci, Sir Robert. Une connaissance qui commence par un compliment est sûrement destinée à devenir une véritable amitié. Elle commence de la bonne manière. Et je constate que je connais déjà Lady Chiltern.

SIR ROBERT CHILTERN. Vraiment ?

MME CHEVELEY. Oui. Elle vient de me rappeler que nous étions ensemble à l'école. Je m'en souviens parfaitement maintenant. Elle obtenait toujours le prix de bonne conduite. J'ai un souvenir précis de Lady Chiltern qui obtenait toujours le prix de bonne conduite !

SIR ROBERT CHILTERN. [*Souriant.*] Et quels prix avez-vous obtenus, Mrs. Cheveley ?

MME CHEVELEY. Mes récompenses sont venues un peu plus tard dans la vie. Je ne pense pas que l'une d'entre elles ait été pour une bonne conduite. J'ai oublié !

SIR ROBERT CHILTERN. Je suis sûr qu'elles étaient pour quelque chose de charmant !

MME CHEVELEY. Je ne sais pas si les femmes sont toujours récompensées pour être charmantes. Je pense qu'elles sont généralement punies pour cela ! En tout cas, de nos jours, plus de femmes vieillissent à cause de la fidélité de leurs admirateurs que pour toute autre raison ! C'est du moins la seule explication que je peux trouver à l'aspect terriblement épuisé de la plupart de vos jolies femmes à Londres !

SIR ROBERT CHILTERN. Quelle philosophie terrible cela semble ! Essayer de vous classifier, Mrs. Cheveley, serait une impertinence. Mais puis-je vous demander, au fond, êtes-vous optimiste ou pessimiste ? Ce sont les seules deux religions à la mode qui nous restent de nos jours.

MME CHEVELEY. Oh, je ne suis ni l'un ni l'autre. L'optimisme commence par un large sourire et le pessimisme se termine par des lunettes bleues. De plus, ce ne sont que des poses.

SIR ROBERT CHILTERN. Vous préférez être naturelle ?

MME CHEVELEY. Parfois. Mais c'est une pose très difficile à maintenir.

SIR ROBERT CHILTERN. Que diraient ces romanciers psychologiques modernes, dont on parle tant, d'une telle théorie ?

MME CHEVELEY. Ah ! la force des femmes réside dans le fait que la psychologie ne peut pas nous expliquer. Les hommes peuvent être analysés, les femmes... simplement adorées.

SIR ROBERT CHILTERN. Vous pensez que la science ne peut pas aborder le problème des femmes ?

MME CHEVELEY. La science ne peut jamais aborder l'irrationnel. C'est pourquoi elle n'a pas d'avenir devant elle, dans ce monde.

SIR ROBERT CHILTERN. Et les femmes représentent l'irrationnel.

MME CHEVELEY. Les femmes bien habillées, du moins.

SIR ROBERT CHILTERN. [*Avec une courbette polie.*] Je crains de ne pas pouvoir être d'accord avec vous sur ce point. Mais veuillez vous asseoir. Et maintenant, dites-moi, qu'est-ce qui vous fait quitter votre brillante Vienne pour notre sombre Londres ? Ou peut-être que ma question est indiscrète ?

MME CHEVELEY. Les questions ne sont jamais indiscrètes. Les réponses le sont parfois.

SIR ROBERT CHILTERN. Eh bien, en tout cas, puis-je savoir s'il s'agit de politique ou de plaisir ?

MME CHEVELEY. La politique est mon seul plaisir. Voyez-vous, de nos jours, il n'est pas à la mode de flirter avant l'âge de quarante ans, ou d'être romantique avant l'âge de quarante-cinq ans. Donc nous, pauvres femmes qui avons moins de trente ans, ou disons que nous en avons moins, n'avons d'autre choix que la politique ou la philanthropie. Et la philanthropie me semble être simplement le refuge de ceux qui veulent contrarier leurs semblables. Je préfère la politique. Je trouve qu'elle est plus... convenable !

SIR ROBERT CHILTERN. Une vie politique est une carrière noble !

MME CHEVELEY. Parfois. Et parfois c'est un jeu astucieux, Sir Robert. Et parfois c'est très ennuyeux.

SIR ROBERT CHILTERN. Lequel trouvez-vous ?

MME CHEVELEY. Moi ? Une combinaison des trois. [*Laisse tomber son éventail.*]

SIR ROBERT CHILTERN. [*Ramasse l'éventail.*] Permettez-moi !
MME CHEVELEY. Merci.

SIR ROBERT CHILTERN. Mais vous ne m'avez pas encore dit ce qui vous fait honorer Londres si soudainement. Notre saison touche à sa fin.

MME CHEVELEY. Oh ! Je me moque de la saison londonienne ! Elle est trop matrimoniale. Les gens sont soit à la recherche d'un mari, soit en train de se cacher d'eux. Je voulais vous rencontrer. C'est tout à fait vrai. Vous savez à quel point la curiosité d'une femme est grande. Presque aussi grande que celle d'un homme ! Je voulais énormément vous rencontrer et... vous demander de faire quelque chose pour moi.

SIR ROBERT CHILTERN. J'espère que ce n'est pas une petite chose, Mrs. Cheveley. Je trouve que les petites choses sont si difficiles à accomplir.

MME CHEVELEY. [*Après un moment de réflexion.*] Non, je ne pense pas que ce soit une petite chose.

SIR ROBERT CHILTERN. Je suis tellement ravi. Dites-moi ce que c'est, je vous prie.

MME CHEVELEY. Plus tard. [*Se lève.*] Et maintenant, puis-je me promener dans votre magnifique maison ? J'ai entendu dire que vos tableaux sont charmants. Le pauvre Baron Arnheim... Vous vous souvenez du Baron ?... me disait que vous aviez de merveilleux Corots.

SIR ROBERT CHILTERN. [*Avec un sursaut presque imperceptible.*] Connaissiez-vous bien le Baron Arnheim ?

MME CHEVELEY. [*Souriant.*] Intimement. Et vous ?

SIR ROBERT CHILTERN. À une époque.

MME CHEVELEY. Homme extraordinaire, n'est-ce pas ?

SIR ROBERT CHILTERN. [*Après une pause.*] Il était très remarquable, à bien des égards.

MME CHEVELEY. Je pense souvent que c'est dommage qu'il n'ait jamais écrit ses mémoires. Elles auraient été très intéressantes.

SIR ROBERT CHILTERN. Oui, il connaissait bien les hommes et les villes, à la manière des anciens Grecs.

MME CHEVELEY. Sans le terrible désavantage d'avoir une Pénélope qui l'attendait chez lui.

MASON. Lord Goring.

[*Entre* LORD GORING. *Trente-quatre ans, mais il prétend toujours être plus jeune. Un visage bien élevé et sans expression. Il est intelligent, mais ne veut pas qu'on le pense ainsi. Dandy impeccable, il serait contrarié s'il était considéré comme romantique. Il joue avec la vie et est en parfaite harmonie avec le monde. Il aime être mal compris. Cela lui donne un poste d'avantage.*]

SIR ROBERT CHILTERN. Bonsoir, mon cher Arthur ! Mrs. Cheveley, permettez-moi de vous présenter Lord Goring, l'homme le plus oisif de Londres.
?

MME CHEVELEY. J'ai déjà rencontré Lord Goring auparavant.

LORD GORING. [*En s'inclinant.*] Je ne pensais pas que vous vous souviendriez de moi, Mrs. Cheveley.

MME CHEVELEY. Ma mémoire est admirablement contrôlée. Et êtes-vous toujours célibataire ?

LORD GORING. Je... le crois.

MME CHEVELEY. Comme c'est romantique !

LORD GORING. Oh ! Je ne suis pas du tout romantique. Je ne suis pas assez vieux. Je laisse le romantisme à mes aînés.

SIR ROBERT CHILTERN. Lord Goring est le fruit du Boodle's Club, Mrs. Cheveley.

MME CHEVELEY. Il honore pleinement cette institution.

LORD GORING. Puis-je vous demander si vous restez longtemps à Londres ?

MME CHEVELEY. Cela dépend en partie de la météo, en partie de la cuisine, et en partie de Sir Robert.

SIR ROBERT CHILTERN. Vous ne prévoyez pas de nous plonger dans une guerre européenne, j'espère ?

MME CHEVELEY. Il n'y a aucun danger pour le moment !

[*Elle fait un signe de tête à* LORD GORING, *avec une lueur d'amusement dans les yeux, et sort avec* SIR ROBERT CHILTERN. LORD GORING *s'approche de* MABEL CHILTERN.]

MABEL CHILTERN. Tu es vraiment en retard !

LORD GORING. Tu m'as manqué ?

MABEL CHILTERN. Terriblement !

LORD GORING. Alors je suis désolé de ne pas être resté plus longtemps absent. J'aime qu'on me manque.

MABEL CHILTERN. Comme tu es égoïste !

LORD GORING. Je suis très égoïste.

MABEL CHILTERN. Tu me parles toujours de tes mauvaises qualités, Lord Goring.

LORD GORING. Je ne t'ai dit que la moitié jusqu'à présent, Miss Mabel !

MABEL CHILTERN. Les autres sont-elles très mauvaises ?

LORD GORING. Tout à fait terribles ! Quand j'y pense la nuit, je m'endors tout de suite.

MABEL CHILTERN. Eh bien, je me délecte de tes mauvaises qualités. Je ne voudrais pas que tu en abandonnes une seule.

LORD GORING. Comme tu es gentille ! Mais tu es toujours gentille. Au fait, je veux te poser une question, Miss Mabel. Qui a amené Mrs. Cheveley ici ? Cette femme en héliotrope, qui vient de sortir de la pièce avec ton frère ?

MABEL CHILTERN. Oh, je pense que c'est Lady Markby qui l'a amenée. Pourquoi tu demandes ?

LORD GORING. Je ne l'ai pas vue depuis des années, c'est tout.
MABEL CHILTERN. Quelle raison absurde !

LORD GORING. Toutes les raisons sont absurdes.

MABEL CHILTERN. Quel genre de femme est-elle ?

LORD GORING. Oh ! un génie le jour et une beauté la nuit !

MABEL CHILTERN. Je ne l'aime déjà pas.

LORD GORING. Cela montre ton admirable bon goût.

VICOMTE DE NANJAC. [*S'approchant.*] Ah, la jeune dame anglaise est le dragon du bon goût, n'est-ce pas ? Tout à fait le dragon du bon goût.

LORD GORING. C'est ce que les journaux nous disent toujours.

VICOMTE DE NANJAC. Je lis tous vos journaux anglais. Je les trouve très amusants.

LORD GORING. Alors, cher Nanjac, tu dois certainement lire entre les lignes.

VICOMTE DE NANJAC. J'aimerais bien, mais mon professeur s'y oppose. [*À* MABEL CHILTERN.] Aurais-je le plaisir de t'accompagner à la salle de musique, Mademoiselle ?

MABEL CHILTERN. [*L'air très déçu.*] Enchantée, Vicomte, tout à fait enchantée ! [*Se tournant vers* LORD GORING.] Ne viens-tu pas à la salle de musique ?

LORD GORING. Pas s'il y a de la musique en cours, Miss Mabel.

MABEL CHILTERN. [*Sévèrement.*] La musique est en allemand. Tu ne comprendrais pas.

[*S'en va avec le* VICOMTE DE NANJAC. LORD CAVERSHAM *s'approche de son fils.*]

LORD CAVERSHAM. Eh bien, monsieur ! Que fais-tu ici ? Tu gaspilles ta vie comme d'habitude ! Tu devrais être au lit, monsieur. Tu te couches trop tard ! J'ai entendu parler de toi l'autre soir chez Lady Rufford, à danser jusqu'à quatre heures du matin !

LORD GORING. Il était seulement un quart d'heure avant quatre heures, père.

LORD CAVERSHAM. Je ne comprends pas comment tu supportes la Société de Londres. La chose a été ruinée, un tas de nobodies maudits qui parlent de rien.

LORD GORING. J'adore parler de rien, père. C'est la seule chose dont je connais quelque chose.

LORD CAVERSHAM. Tu me sembles vivre uniquement pour le plaisir.

LORD GORING. Qu'y a-t-il d'autre à vivre, père ? Rien ne vieillit aussi vite que le bonheur.

LORD CAVERSHAM. Tu es sans cœur, monsieur, très sans cœur !

LORD GORING. J'espère que non, père. Bonsoir, Lady Basildon !

LADY BASILDON. [*Sourcils joliment arqués.*] Tu es ici ? Je n'avais aucune idée que tu venais aux soirées politiques !

LORD GORING. J'adore les soirées politiques. C'est le seul endroit qui nous reste où les gens ne parlent pas de politique.

LADY BASILDON. J'adore parler de politique. J'en parle toute la journée. Mais je ne supporte pas de les écouter. Je ne sais pas comment ces pauvres hommes à la Chambre supportent ces longs débats.

LORD GORING. En n'écoutant jamais.

LADY BASILDON. Vraiment ?

LORD GORING. [*De manière très sérieuse.*] Bien sûr. Vous voyez, c'est très dangereux d'écouter. Si l'on écoute, on peut être convaincu ; et un homme qui se laisse convaincre par un argument est une personne totalement déraisonnable.

LADY BASILDON. Ah ! cela explique tant de choses chez les hommes que je n'ai jamais comprises, et tant de choses chez les femmes que leurs maris n'apprécient jamais en elles !

MRS. MARCHMONT. [*Avec un soupir.*] Nos maris n'apprécient jamais rien en nous. Nous devons aller voir d'autres personnes pour cela !

LADY BASILDON. [*Avec emphase.*] Oui, toujours voir d'autres personnes, n'est-ce pas ?

LORD GORING. [*Souriant.*] Et ce sont les opinions des deux dames qui ont les maris les plus admirables de Londres.

MRS. MARCHMONT. C'est exactement ce que nous ne supportons pas. Mon Reginald est parfaitement irréprochable. Il est vraiment insupportable à certains moments ! Il n'y a pas le moindre élément d'excitation à le connaître.

LORD GORING. Comme c'est terrible ! Vraiment, cela devrait être plus largement connu !

LADY BASILDON. Basildon est tout aussi insupportable ; il est aussi domestique que s'il était célibataire.

MRS. MARCHMONT. [*Pressant la main de* LADY BASILDON.] Ma pauvre Olivia ! Nous avons épousé des maris parfaits, et nous sommes bien punies pour cela.

LORD GORING. J'aurais pensé que ce sont les maris qui sont punis.

MRS. MARCHMONT. [*Se redressant.*] Oh, pas du tout ! Ils sont aussi heureux que possible ! Et en ce qui concerne leur confiance en nous, c'est tragique à quel point ils nous font confiance.

LADY BASILDON. Parfaitement tragique !

LORD GORING. Ou comique, Lady Basildon ?

LADY BASILDON. Certainement pas comique, Lord Goring. Quelle cruauté de suggérer une telle chose !

MRS. MARCHMONT. Je crains que Lord Goring ne soit toujours du côté de l'ennemi. Je l'ai vu parler à cette Mrs. Cheveley à son arrivée.

LORD GORING. Belle femme, Mrs. Cheveley !

LADY BASILDON. [*Rigidement.*] S'il vous plaît, ne faites pas l'éloge d'autres femmes en notre présence. Vous pourriez attendre que nous le fassions !

LORD GORING. J'ai attendu.

MRS. MARCHMONT. Eh bien, nous n'allons pas la louer. J'ai entendu dire qu'elle est allée à l'Opéra lundi soir et a dit à Tommy Rufford, au souper, que, selon elle, la société londonienne est entièrement composée de gens mal habillés et de dandys.

LORD GORING. Elle a tout à fait raison. Les hommes sont tous mal habillés et les femmes sont toutes des dandys, n'est-ce pas ?

MRS. MARCHMONT. [*Après une pause.*] Oh ! pensez-vous vraiment que c'est ce que Mrs. Cheveley voulait dire ?

LORD GORING. Bien sûr. Et c'est une remarque très sensée de la part de Mrs. Cheveley.

[*Entre* MABEL CHILTERN. *Elle se joint au groupe.*]

MABEL CHILTERN. Pourquoi parlez-vous de Mrs. Cheveley ? Tout le monde parle de Mrs. Cheveley ! Lord Goring a dit... que disais-tu, Lord Goring, à propos de Mrs. Cheveley ? Oh ! je me souviens, qu'elle était un génie le jour et une beauté la nuit.

LADY BASILDON. Quelle combinaison horrible ! Tellement contre nature !

MRS. MARCHMONT. [*Dans son état le plus rêveur.*] J'aime regarder les génies et écouter les belles personnes.

LORD GORING. Ah ! c'est morbide de votre part, Mrs. Marchmont !

MRS. MARCHMONT. [*S'illuminant d'un réel plaisir.*] Je suis si heureuse de vous entendre dire cela. Marchmont et moi sommes mariés depuis sept ans et il ne m'a jamais dit une seule fois que j'étais morbide. Les hommes sont si douloureusement inattentifs !

LADY BASILDON. [*Se tournant vers elle.*] J'ai toujours dit, chère Margaret, que vous étiez la personne la plus morbide de Londres.

MRS. MARCHMONT. Ah ! mais vous êtes toujours compatissante, Olivia !

MABEL CHILTERN. Est-ce morbide d'avoir envie de manger ? J'ai une grande envie de manger. Lord Goring, me servirez-vous un peu de souper ?

LORD GORING. Avec plaisir, Mademoiselle Mabel. [*S'éloigne avec elle.*]

MABEL CHILTERN. Comme tu as été odieux ! Tu ne m'as pas parlé de toute la soirée !

LORD GORING. Comment aurais-je pu ? Tu es partie avec le diplomate en herbe.

MABEL CHILTERN. Tu aurais pu nous suivre. La poursuite aurait été simplement polie. Je ne pense pas t'apprécier du tout ce soir !

LORD GORING. Je t'apprécie énormément.

MABEL CHILTERN. Eh bien, j'aimerais que tu le montres d'une manière plus marquée ! [*Ils descendent les escaliers.*]

MRS. MARCHMONT. Olivia, j'ai une curieuse sensation d'évanouissement absolu. Je pense que j'aimerais beaucoup souper. Je sais que j'aimerais souper.

LADY BASILDON. Je meurs littéralement de faim, Margaret !

MRS. MARCHMONT. Les hommes sont si horriblement égoïstes, ils ne pensent jamais à ces choses-là.

LADY BASILDON. Les hommes sont terriblement matérialistes, terriblement matérialistes !

[*Le* VICOMTE DE NANJAC *entre de la salle de musique avec d'autres invités. Après avoir soigneusement examiné toutes les personnes présentes, il s'approche de* LADY BASILDON.]

VICOMTE DE NANJAC. Puis-je avoir l'honneur de vous accompagner au souper, Comtesse ?

LADY BASILDON. [*Froidement.*] Je ne prends jamais de souper, merci, Vicomte. [*Le* VICOMTE *s'apprête à se retirer.* LADY BASILDON, *le voyant, se lève immédiatement et prend son bras.*] Mais je descendrai avec vous avec plaisir.

VICOMTE DE NANJAC. J'aime tellement manger ! Je suis très anglais dans tous mes goûts.

LADY BASILDON. Vous avez l'air tout à fait anglais, Vicomte, tout à fait anglais.

[*Ils sortent.* MR. MONTFORD, *un jeune dandy parfaitement soigné, s'approche de* MRS. MARCHMONT.]

MR. MONTFORD. Envie de souper, Mrs. Marchmont ?

MRS. MARCHMONT. [*Languissamment.*] Merci, Mr. Montford, je ne prends jamais de souper. [*Se lève précipitamment et prend son bras.*] Mais je m'assiérai à côté de vous et je vous regarderai.

MR. MONTFORD. Je ne sais pas si j'aime être observé quand je mange !

MRS. MARCHMONT. Alors, je regarderai quelqu'un d'autre.
MR. MONTFORD. Je ne sais pas si j'aimerais ça non plus.

MRS. MARCHMONT. [*Sévèrement.*] Je vous prie, Mr. Montford, de ne pas créer ces scènes pénibles de jalousie en public !

[*Ils descendent avec les autres invités, passant devant* SIR ROBERT CHILTERN *et* MRS. CHEVELEY, *qui entrent maintenant.*]

SIR ROBERT CHILTERN. Et allez-vous dans l'une de nos maisons de campagne avant de quitter l'Angleterre, Mrs. Cheveley ?

MRS. CHEVELEY. Oh, non ! Je ne supporte pas vos fêtes à la campagne anglaises. En Angleterre, les gens essaient réellement d'être brillants au petit-déjeuner. C'est tellement affreux de leur part ! Seules les personnes ennuyeuses sont brillantes au petit-déjeuner. Et puis, le squelette de famille lit toujours les prières familiales. Mon séjour en Angleterre dépend vraiment de vous, Sir Robert. [*S'assoit sur le canapé.*]

SIR ROBERT CHILTERN. [*S'asseyant à côté d'elle.*] Sérieusement ?

MRS. CHEVELEY. Tout à fait sérieusement. Je veux vous parler d'un grand projet politique et financier, en fait de cette Compagnie du Canal Argentine.

SIR ROBERT CHILTERN. Quel sujet ennuyeux et pratique pour vous aborder, Mrs. Cheveley !

MRS. CHEVELEY. Oh, j'aime les sujets ennuyeux et pratiques. Ce que je n'aime pas, ce sont les personnes ennuyeuses et pratiques. Il y a une grande différence. De plus, je sais que vous vous intéressez aux projets internationaux de canaux. Vous étiez le secrétaire de Lord Radley, n'est-ce pas, lorsque le gouvernement a acheté des actions du canal de Suez ?

SIR ROBERT CHILTERN. Oui. Mais le canal de Suez était une entreprise très importante et magnifique. Il nous a donné notre route directe vers l'Inde. Il avait une valeur impériale. Il était nécessaire que nous en ayons le contrôle. Ce projet argentin n'est qu'une vulgaire escroquerie boursière.

MRS. CHEVELEY. Une spéculation, Sir Robert ! Une spéculation brillante, audacieuse.

SIR ROBERT CHILTERN. Croyez-moi, Mrs. Cheveley, c'est une escroquerie. Appelons les choses par leur nom. Cela simplifie les choses. Nous avons toutes les informations à ce sujet au Foreign Office. En fait, j'ai envoyé une commission spéciale pour enquêter discrètement sur la question, et ils rapportent que les travaux sont à peine commencés, et en ce qui concerne l'argent déjà souscrit, personne ne semble savoir ce qu'il est devenu. Tout cela est une seconde Panama, avec moins d'un quart des chances de succès que cette affaire misérable n'a jamais eues. J'espère que vous n'avez pas investi dedans. Je suis sûr que vous êtes bien trop intelligente pour avoir fait ça.

MRS. CHEVELEY. J'ai investi une somme considérable dedans.

SIR ROBERT CHILTERN. Qui aurait pu vous conseiller de faire une chose aussi stupide ?

MRS. CHEVELEY. Votre vieil ami – et le mien.

SIR ROBERT CHILTERN. Qui ?

MRS. CHEVELEY. Le baron Arnheim.

SIR ROBERT CHILTERN. [*Fronçant les sourcils.*] Ah oui, je me souviens avoir entendu, à l'époque de sa mort, qu'il était impliqué dans toute cette affaire.

MRS. CHEVELEY. C'était sa dernière histoire d'amour. L'avant-dernière, pour lui rendre justice.

SIR ROBERT CHILTERN. [*Se levant.*] Mais vous n'avez pas encore vu mes Corots. Ils sont dans la salle de musique. Les Corots semblent aller avec la musique, n'est-ce pas ? Puis-je vous les montrer ?

MRS. CHEVELEY. [*Secouant la tête.*] Je ne suis pas d'humeur, ce soir, pour les crépuscules argentés ou les aubes roses. Je veux parler affaires. [*Lui fait signe avec son éventail de se rasseoir à côté d'elle.*]

SIR ROBERT CHILTERN. Je crains de ne pas avoir de conseils à vous donner, Mrs. Cheveley, sauf de vous intéresser à quelque chose de moins dangereux. Le succès du canal dépend, bien sûr, de l'attitude de l'Angleterre, et je vais présenter le rapport des commissaires devant la Chambre demain soir.

MRS. CHEVELEY. Vous ne devez pas le faire. Dans votre intérêt, Sir Robert, sans parler du mien, vous ne devez pas faire ça.

SIR ROBERT CHILTERN. [*La regardant avec étonnement.*] Dans mon intérêt ? Ma chère Mrs. Cheveley, que voulez-vous dire ? [*S'assoit à côté d'elle.*]

MRS. CHEVELEY. Sir Robert, je serai tout à fait franche avec vous. Je veux que vous retiriez le rapport que vous aviez l'intention de présenter devant la Chambre, en soutenant que vous avez des raisons de croire que les commissaires ont été influencés ou mal informés, ou quelque chose du genre. Ensuite, je veux que vous disiez quelques mots pour indiquer que le gouvernement va reconsidérer la question et que vous avez des raisons de croire que le canal, s'il est achevé, aura une grande valeur internationale. Vous connaissez le genre de choses que les ministres disent dans ces cas-là. Quelques platitudes ordinaires suffiront. Dans la vie moderne, rien ne produit un tel effet qu'une bonne platitude. Cela rapproche le monde entier. Le ferez-vous pour moi ?

SIR ROBERT CHILTERN. Mrs. Cheveley, vous ne pouvez pas être sérieuse en me faisant une telle proposition !

MRS. CHEVELEY. Je suis tout à fait sérieuse.

SIR ROBERT CHILTERN. [*Froidement.*] Permettez-moi de croire que ce n'est pas le cas.

MRS. CHEVELEY. [*S'exprimant avec une grande délibération et emphase.*] Ah, mais si, je le suis. Et si vous faites ce que je vous demande, je ... vous paierai très généreusement !

SIR ROBERT CHILTERN. Me payer !

MRS. CHEVELEY. Oui.

SIR ROBERT CHILTERN. J'ai bien peur de ne pas tout à fait comprendre ce que vous voulez dire.

MRS. CHEVELEY. [*S'appuyant sur le canapé en le regardant.*] Comme c'est décevant ! Et je suis venue tout le long de Vienne afin que vous me compreniez parfaitement.

SIR ROBERT CHILTERN. J'ai bien peur que non.

MRS. CHEVELEY. [*D'un ton nonchalant.*] Mon cher Sir Robert, vous êtes un homme du monde, et vous avez un prix, je suppose. Tout le monde en a maintenant. Le problème, c'est que la plupart des gens sont tellement coûteux. Je sais que je le suis. J'espère que vous serez plus raisonnable dans vos exigences.

SIR ROBERT CHILTERN. [*Se lève indigné.*] Si vous me le permettez, je vais appeler votre voiture pour vous. Vous avez vécu si longtemps à l'étranger, Mrs. Cheveley, que vous semblez être incapable de réaliser que vous parlez à un gentleman anglais.

MRS. CHEVELEY. [*Le retient en touchant son bras avec son éventail, le gardant là pendant qu'elle parle.*] Je réalise que je parle à un homme qui a bâti sa fortune en vendant à un spéculateur de la Bourse un secret de cabinet.

SIR ROBERT CHILTERN. [*Se mordant les lèvres.*] Que voulez-vous dire ?

MRS. CHEVELEY. [*Se levant et lui faisant face.*] Je veux dire que je connais l'origine réelle de votre richesse et de votre carrière, et j'ai aussi votre lettre.

SIR ROBERT CHILTERN. Quelle lettre ?

MRS. CHEVELEY. [*Avec mépris.*] La lettre que vous avez écrite au baron Arnheim, lorsque vous étiez secrétaire de Lord Radley, lui demandant d'acheter des actions du Canal de Suez – une lettre écrite trois jours avant l'annonce du gouvernement sur son propre achat.

SIR ROBERT CHILTERN. [*D'une voix rauque.*] Ce n'est pas vrai.

MRS. CHEVELEY. Vous pensiez que cette lettre avait été détruite. Que vous êtes naïf ! Elle est en ma possession.

SIR ROBERT CHILTERN. L'affaire à laquelle vous faites référence n'était qu'une spéculation. La Chambre des communes n'avait pas encore adopté le projet de loi ; il aurait pu être rejeté.

MRS. CHEVELEY. C'était une escroquerie, Sir Robert. Appelons les choses par leurs noms. Cela simplifie tout. Et maintenant je vais vous vendre cette lettre, et le prix que j'en demande est votre soutien public au projet argentin. Vous avez fait fortune grâce à un canal. Vous devez m'aider, moi et mes amis, à faire fortune avec un autre !

SIR ROBERT CHILTERN. C'est infâme, ce que vous proposez – infâme !

MRS. CHEVELEY. Oh non ! C'est le jeu de la vie que nous devons tous jouer, Sir Robert, tôt ou tard !

SIR ROBERT CHILTERN. Je ne peux pas faire ce que vous me demandez.

MRS. CHEVELEY. Vous voulez dire que vous ne pouvez pas vous empêcher de le faire. Vous savez que vous êtes au bord d'un précipice. Et ce n'est pas à vous de fixer les conditions. C'est à vous de les accepter. Supposons que vous refusiez...

SIR ROBERT CHILTERN. Qu'arriverait-il alors ?

MRS. CHEVELEY. Mon cher Sir Robert, qu'arriverait-il alors ? Vous seriez ruiné, c'est tout ! Souvenez-vous à quel point votre puritanisme en Angleterre vous a amené. Autrefois, personne ne prétendait être meilleur que son voisin. En fait, être un peu meilleur que son voisin était considéré comme excessivement vulgaire et bourgeois. De nos jours, avec notre manie moderne de la moralité, chacun doit se poser en parangon de pureté, d'incorruptibilité et de toutes les autres vertus mortelles – et quel en est le résultat ? Vous tombez tous comme des quilles, les uns après les autres. Pas une année ne passe en Angleterre sans que quelqu'un disparaisse. Les scandales apportaient autrefois du charme, ou du moins de l'intérêt, à un homme – maintenant ils l'écrasent. Et le vôtre est un scandale très désagréable. Vous ne pourriez pas y survivre. Si on savait qu'en tant que jeune homme, secrétaire d'un grand et important ministre, vous avez vendu un secret de cabinet pour une grosse somme d'argent, et que c'était l'origine de votre fortune et de votre carrière, vous seriez chassé de la vie publique, vous disparaîtriez complètement. Et après tout, Sir Robert, pourquoi sacrifieriez-vous votre avenir entier plutôt que de traiter diplomatiquement avec votre ennemie ? Pour le moment, je suis votre ennemie. Je l'admets ! Et je suis beaucoup plus forte que vous. Les gros bataillons sont de mon côté. Vous avez une position splendide, mais c'est cette position splendide qui vous rend si vulnérable. Vous ne pouvez pas la défendre ! Et moi, je suis en attaque. Bien sûr, je ne vous ai pas parlé de moralité. Vous devez admettre avec équité que je vous en ai épargné cela. Il y a des années, vous avez fait une chose astucieuse et sans scrupules ; cela s'est avéré être un grand succès. Vous devez à cela votre fortune et votre position. Et maintenant vous devez payer pour cela. Tôt ou tard, nous devons tous payer pour nos actions. Vous devez payer maintenant. Avant que je vous quitte ce soir, vous devez me promettre de supprimer votre rapport et de parler à la Chambre en faveur de ce projet.

SIR ROBERT CHILTERN. Ce que vous demandez est impossible.

MRS. CHEVELEY. Vous devez rendre cela possible. Vous allez le rendre possible. Sir Robert, vous savez comment sont vos journaux anglais. Supposez que lorsque je quitte cette maison, je me rende dans un bureau de journal et que je leur révèle ce scandale ainsi que les preuves qui l'accompagnent ! Pensez à leur joie répugnante, à la délectation qu'ils éprouveront à vous traîner dans la boue, à la saleté et à la fange dans lesquelles ils vous plongeront. Pensez à l'hypocrite avec son sourire gras qui écrit son article de fond et organise l'ignominie de l'affiche publique.

SIR ROBERT CHILTERN. Arrêtez ! Vous voulez que je retire le rapport et que je fasse un court discours affirmant que je crois en les possibilités du projet ?

MRS. CHEVELEY. [*S'asseyant sur le canapé.*] Ce sont mes conditions.

SIR ROBERT CHILTERN. [*D'une voix basse.*] Je vous donnerai la somme d'argent que vous voulez.

MRS. CHEVELEY. Même vous n'êtes pas assez riche, Sir Robert, pour racheter votre passé. Aucun homme ne l'est.

SIR ROBERT CHILTERN. Je ne ferai pas ce que vous me demandez. Je ne le ferai pas.

MRS. CHEVELEY. Vous devez le faire. Si vous ne le faites pas... [*Se lève du canapé.*]

SIR ROBERT CHILTERN. [*Désorienté et décontenancé.*] Attendez un instant ! Qu'avez-vous proposé ? Vous avez dit que vous me rendriez ma lettre, n'est-ce pas ?

MRS. CHEVELEY. Oui. C'est entendu. Je serai dans la galerie des Dames demain soir à onze heures et demie. Si d'ici là – et vous aurez eu amplement l'occasion – vous avez fait une annonce à la Chambre dans les termes que je souhaite, je vous rendrai votre lettre avec les remerciements les plus charmants et le meilleur, ou du moins le compliment le plus approprié que je puisse imaginer. J'ai l'intention de jouer tout à fait loyalement avec vous. On doit toujours jouer loyalement... quand on a les meilleures cartes. Le baron m'a appris cela... entre autres choses.

SIR ROBERT CHILTERN. Vous devez me laisser le temps de réfléchir à votre proposition.

MRS. CHEVELEY. Non, vous devez décider maintenant !

SIR ROBERT CHILTERN. Donnez-moi une semaine – trois jours !

MRS. CHEVELEY. Impossible ! Je dois télégraphier à Vienne ce soir.

SIR ROBERT CHILTERN. Mon Dieu ! Qu'est-ce qui vous a amenée dans ma vie ?

MRS. CHEVELEY. Les circonstances. [*Se dirige vers la porte.*]

SIR ROBERT CHILTERN. Ne partez pas. J'accepte. Le rapport sera retiré. Je vais organiser une question à me poser sur le sujet.

MRS. CHEVELEY. Merci. Je savais que nous arriverions à un accord à l'amiable. J'ai compris votre nature dès le début. Je vous ai analysé, même si vous ne m'adoriez pas. Et maintenant, vous pouvez me chercher ma voiture, Sir Robert. Je vois les gens remonter de souper, et les Anglais deviennent toujours romantiques après un repas, ce qui m'ennuie terriblement. [*Sortie de* SIR ROBERT CHILTERN.]

[*Entrée des invités*, LADY CHILTERN, LADY MARKBY, LORD CAVERSHAM, LADY BASILDON, MRS. MARCHMONT, VICOMTE DE NANJAC, MR. MONTFORD.]

LADY MARKBY. Eh bien, chère Mrs. Cheveley, j'espère que vous vous êtes amusée. Sir Robert est très divertissant, n'est-ce pas ?

MRS. CHEVELEY. Très divertissant ! J'ai beaucoup apprécié notre conversation.

LADY MARKBY. Il a eu une carrière très intéressante et brillante. Et il a épousé une femme tout à fait admirable. Lady Chiltern est une femme de principes très élevés, je suis heureuse de le dire. Je suis un peu trop vieille maintenant pour me soucier de donner le bon exemple, mais j'admire toujours ceux qui le font. Et Lady Chiltern a un effet très énobliissant sur la vie, même si ses dîners sont parfois un peu ennuyeux. Mais on ne peut pas tout avoir, n'est-ce pas ? Et maintenant je dois partir, ma chère. Dois-je passer vous prendre demain ?

MRS. CHEVELEY. Merci.

LADY MARKBY. Nous pourrions faire un tour au parc à cinq heures. Tout semble si frais au parc en ce moment !

MRS. CHEVELEY. Sauf les gens !

LADY MARKBY. Peut-être que les gens sont un peu épuisés. J'ai souvent remarqué que la saison, à mesure qu'elle avance, provoque une sorte de ramollissement du cerveau. Cependant, je pense que tout est préférable à une forte pression intellectuelle. C'est la chose la plus disgracieuse qui soit. Cela rend les nez des jeunes filles particulièrement grands. Et il n'y a rien de plus difficile à marier qu'un grand nez ; les hommes n'aiment pas ça. Bonne nuit, ma chère ! [À LADY CHILTERN.] Bonne nuit, Gertrude ! [*Sortie accompagnée de* LORD CAVERSHAM.]

MRS. CHEVELEY. Quelle charmante maison vous avez, Lady Chiltern ! J'ai passé une soirée délicieuse. C'était si intéressant de faire la connaissance de votre mari.

LADY CHILTERN. Pourquoi souhaitiez-vous rencontrer mon mari, Mrs. Cheveley ?

MRS. CHEVELEY. Oh, je vais vous le dire. Je voulais l'intéresser à ce projet de Canal argentin, dont vous avez sûrement entendu parler. Et je l'ai trouvé très réceptif, réceptif à la raison, je veux dire. Chose rare chez un homme. Je l'ai convaincu en dix minutes. Il fera un discours à la Chambre demain soir en faveur de cette idée. Nous devons aller à la tribune des dames et l'écouter ! Ce sera un grand événement !

LADY CHILTERN. Il doit y avoir une erreur. Ce projet ne pourrait jamais avoir le soutien de mon mari.

MRS. CHEVELEY. Oh, je vous assure que tout est réglé. Je ne regrette plus mon ennuyeux voyage depuis Vienne. Cela a été un grand succès. Mais bien sûr, pour les vingt-quatre prochaines heures, tout cela est un secret absolu.

LADY CHILTERN. [*Avec douceur.*] Un secret ? Entre qui ?

MRS. CHEVELEY. [*Avec un éclair d'amusement dans les yeux.*] Entre votre mari et moi.

SIR ROBERT CHILTERN. [*Entrant.*] Votre voiture est là, Mrs. Cheveley !

MRS. CHEVELEY. Merci ! Bonsoir, Lady Chiltern ! Bonne nuit, Lord Goring ! Je suis à Claridge's. Ne pensez-vous pas que vous pourriez laisser votre carte ?

LORD GORING. Si vous le souhaitez, Mrs. Cheveley !

MRS. CHEVELEY. Oh, ne soyez pas si solennel à ce sujet, sinon je serai obligée de vous laisser ma carte. En Angleterre, je suppose que cela ne serait guère considéré comme en règle. À l'étranger, nous sommes plus civilisés. Vous me reconduirez, Sir Robert ? Maintenant que nous avons les mêmes intérêts à cœur, nous serons de grands amis, j'espère !

[*Naviguant en tenant le bras de* SIR ROBERT CHILTERN, MRS. CHEVELEY *s'éloigne.* LADY CHILTERN *se rend en haut de l'escalier et les observe descendre. Son expression est troublée. Au bout d'un moment, elle est rejointe par certains des invités et les accompagne dans une autre salle de réception.*]

MABEL CHILTERN. Quelle femme odieuse !

LORD GORING. Tu devrais aller te coucher, Miss Mabel.
MABEL CHILTERN. Lord Goring !

LORD GORING. Mon père m'a dit d'aller me coucher il y a une heure. Je ne vois pas pourquoi je ne te donnerais pas le même conseil. Je transmets toujours de bons conseils. C'est la seule chose à en faire. Ça n'a jamais d'utilité pour soi-même.

MABEL CHILTERN. Lord Goring, tu me donnes toujours des ordres pour sortir de la pièce. Je trouve cela très courageux de ta part. Surtout que je ne vais pas me coucher pendant des heures. [*Se dirige vers le canapé.*] Tu peux venir t'asseoir si tu veux, et parler de tout au monde, sauf de la Royal Academy, de Mrs. Cheveley ou des romans en dialecte écossais. Ce ne sont pas des sujets enrichissants. [*Aperçoit quelque chose qui est posé sur le canapé, à moitié caché par le coussin.*] Qu'est-ce que c'est ? Quelqu'un a laissé tomber une broche en diamant ! Elle est vraiment magnifique, n'est-ce pas ? [*Lui montre la broche.*] J'aimerais qu'elle soit à moi, mais Gertrude ne me laisse porter que des perles, et j'en ai assez des perles. Elles donnent l'air si ordinaire, si sage et si intellectuel. Je me demande à qui appartient cette broche.

LORD GORING. Je me demande qui l'a fait tomber.

MABEL CHILTERN. C'est une magnifique broche.

LORD GORING. C'est un beau bracelet.

MABEL CHILTERN. Ce n'est pas un bracelet. C'est une broche.

LORD GORING. On peut l'utiliser comme bracelet. [*La prend, sort un étui à lettres vert, y place soigneusement l'ornement, puis remet le tout dans sa poche de poitrine avec le plus grand sang-froid.*]

MABEL CHILTERN. Que fais-tu ?

LORD GORING. Miss Mabel, je vais te faire une demande assez étrange.

MABEL CHILTERN. [*Avec enthousiasme.*] Oh, je t'en prie ! J'attendais ça toute la soirée.

LORD GORING. [*Un peu déconcerté, mais reprenant ses esprits.*] Ne mentionne à personne que j'ai pris en charge cette broche. Si quelqu'un l réclame, fais-le moi savoir immédiatement.

MABEL CHILTERN. C'est une demande étrange.

LORD GORING. Eh bien, tu vois, j'ai offert cette broche à quelqu'un autrefois, il y a des années.

MABEL CHILTERN. Vraiment ?

LORD GORING. Oui.

[LADY CHILTERN *entre seule. Les autres invités sont partis.*]
MABEL CHILTERN. Alors je vais certainement te souhaiter bonne nuit. Bonne nuit, Gertrude ! [*Sort.*]

LADY CHILTERN. Bonne nuit, ma chère ! [*À LORD GORING.*] Tu as vu qui Lady Markby a amené ici ce soir ?

LORD GORING. Oui. C'était une surprise désagréable. Qu'est-ce qu'elle est venue faire ici ?

LADY CHILTERN. Apparemment, essayer de persuader Robert de soutenir une arnaque dans laquelle elle est intéressée. Le canal de l'Argentine, en fait.

LORD GORING. Elle s'est trompée d'homme, n'est-ce pas ?

LADY CHILTERN. Elle est incapable de comprendre une nature droite comme celle de mon mari !

LORD GORING. Oui. Je pense qu'elle se heurterait à un échec si elle essayait de prendre Robert dans ses filets. C'est incroyable les erreurs stupéfiantes que font les femmes intelligentes.

LADY CHILTERN. Je ne qualifierais pas les femmes de ce genre d'intelligentes. Je les appelle stupides !

LORD GORING. C'est souvent la même chose. Bonne nuit, Lady Chiltern !
LADY CHILTERN. Bonne nuit !

[*Entre* SIR ROBERT CHILTERN.]

SIR ROBERT CHILTERN. Mon cher Arthur, tu ne pars pas ? Reste un peu !
LORD GORING. Je suis désolé, je ne peux pas, merci. J'ai promis de passer chez les Hartlock. Je crois qu'ils ont un groupe hongrois mauve qui joue de la musique hongroise mauve. À bientôt. Au revoir ! [*Sort*]

SIR ROBERT CHILTERN. Comme tu es belle ce soir, Gertrude !

LADY CHILTERN. Robert, ce n'est pas vrai, n'est-ce pas ? Tu ne vas pas soutenir cette spéculation argentine ? Tu ne peux pas !

SIR ROBERT CHILTERN. [*Sursautant.*] Qui t'a dit que j'avais l'intention de le faire ?

LADY CHILTERN. Cette femme qui vient de sortir, Mrs. Cheveley, comme elle s'appelle maintenant. Elle semblait me narguer avec ça. Robert, je connais cette femme. Toi non. Nous étions à l'école ensemble. Elle était menteuse, malhonnête, une mauvaise influence sur tous ceux dont elle pouvait gagner la confiance ou l'amitié. Je la détestais, je la méprisais. Elle volait, c'était une voleuse. Elle a été renvoyée pour vol. Pourquoi la laisses-tu t'influencer ?

SIR ROBERT CHILTERN. Gertrude, ce que tu me dis peut être vrai, mais cela s'est passé il y a bien des années. Il vaut mieux oublier ! Mrs. Cheveley a peut-être changé depuis. Personne ne devrait être jugé uniquement sur son passé.

LADY CHILTERN. [*Tristement.*] Le passé est ce que nous sommes. C'est la seule façon dont les gens devraient être jugés.

SIR ROBERT CHILTERN. C'est une affirmation dure, Gertrude !

LADY CHILTERN. C'est une affirmation vraie, Robert. Et que voulait-elle dire en se vantant d'avoir obtenu ton soutien, ton nom, pour une chose que j'ai entendue te décrire comme le stratagème le plus malhonnête et frauduleux qu'il y ait jamais eu dans la vie politique ?

SIR ROBERT CHILTERN. [*Se mordant les lèvres.*] J'ai eu tort dans mon opinion. Nous pouvons tous commettre des erreurs.

LADY CHILTERN. Mais tu m'as dit hier que tu avais reçu le rapport de la Commission et qu'il condamnait totalement tout cela.

SIR ROBERT CHILTERN. [*Marchant de long en large.*] J'ai maintenant des raisons de croire que la Commission était partialisée, ou du moins mal informée. De plus, Gertrude, la vie publique et la vie privée sont des choses différentes. Elles obéissent à des lois différentes et évoluent selon des principes différents.

LADY CHILTERN. Elles devraient toutes deux représenter l'homme dans ce qu'il a de plus noble. Je ne vois aucune différence entre elles.

SIR ROBERT CHILTERN. [*S'arrêtant.*] Dans le cas présent, concernant une question de politique pratique, j'ai changé d'avis. C'est tout.

LADY CHILTERN. Tout ?

SIR ROBERT CHILTERN. [*Sévèrement.*] Oui !

LADY CHILTERN. Robert ! Oh ! c'est horrible que je doive te poser une telle question... Robert, me dis-tu toute la vérité ?

SIR ROBERT CHILTERN. Pourquoi me poses-tu une telle question ?

LADY CHILTERN. [*Après une pause.*] Pourquoi ne réponds-tu pas ?

SIR ROBERT CHILTERN. [*S'asseyant.*] Gertrude, la vérité est une chose très complexe, et la politique est une affaire très complexe. Il y a des rouages dans les rouages. On peut être redevable envers certaines personnes qu'il faut payer. Plus tôt ou plus tard, dans la vie politique, il faut faire des compromis. Tout le monde en fait.

LADY CHILTERN. Des compromis ? Robert, pourquoi parles-tu si différemment ce soir de la façon dont je t'ai toujours entendu parler ? Pourquoi as-tu changé ?

SIR ROBERT CHILTERN. Je n'ai pas changé. Mais les circonstances font évoluer les choses.

LADY CHILTERN. Les circonstances ne devraient jamais faire évoluer les principes !

SIR ROBERT CHILTERN. Mais si je te disais...

LADY CHILTERN. Quoi ?

SIR ROBERT CHILTERN. Que c'est nécessaire, absolument nécessaire ?

LADY CHILTERN. Il ne peut jamais être nécessaire de faire ce qui n'est pas honorable. Ou si c'est nécessaire, alors qu'est-ce que j'ai aimé ? Mais ce n'est pas le cas, Robert ; dis-moi que ce n'est pas le cas. Pourquoi le devrait-il ? Quel gain en retirerais-tu ? De l'argent ? Nous n'en avons pas besoin ! Et l'argent qui provient d'une source corrompue est une dégradation. Le pouvoir ? Mais le pouvoir en soi n'est rien. C'est le pouvoir de faire le bien qui est admirable, rien d'autre. Alors, qu'est-ce que c'est, Robert ? Dis-moi pourquoi tu vas faire cette chose déshonorante !

SIR ROBERT CHILTERN. Gertrude, tu n'as pas le droit d'utiliser ce mot. Je t'ai dit qu'il s'agit d'une question de compromis rationnel. Ce n'est pas plus que cela.

LADY CHILTERN. Robert, tout cela peut bien convenir à d'autres hommes, à ceux qui considèrent la vie simplement comme une spéculation sordide, mais pas à toi, Robert, pas à toi. Tu es différent. Toute ta vie, tu t'es tenu à part des autres. Tu n'as jamais laissé le monde te souiller. Pour le monde, comme pour moi-même, tu as toujours été un idéal. Oh ! reste cet idéal. Ne gâche pas cette grande héritage, ne détruis pas cette tour d'ivoire. Robert, les hommes peuvent aimer ce qui est en dessous d'eux, des choses indignes, souillées, déshonorées. Nous, les femmes, nous adorons quand nous aimons ; et quand nous perdons notre adoration, nous perdons tout. Oh ! ne tue pas mon amour pour toi, ne tue pas cela !

SIR ROBERT CHILTERN. Gertrude !

LADY CHILTERN. Je sais qu'il y a des hommes avec des secrets horribles dans leur vie, des hommes qui ont commis des actes honteux et qui, à un moment critique, doivent le payer en commettant un autre acte de honte... Oh ! ne me dis pas que tu es comme eux ! Robert, y a-t-il dans ta vie quelque secret déshonorant ou disgracieux ? Dis-moi, dis-moi tout de suite, que...

SIR ROBERT CHILTERN. Que quoi ?

LADY CHILTERN. [*Parlant très lentement.*] Que nos vies puissent se séparer.

SIR ROBERT CHILTERN. Se séparer ?

LADY CHILTERN. Qu'elles soient complètement séparées. Ce serait mieux pour nous deux.

SIR ROBERT CHILTERN. Gertrude, il n'y a rien dans mon passé que tu ne puisses savoir.

LADY CHILTERN. J'en étais sûre, Robert, j'en étais sûre. Mais pourquoi as-tu dit ces choses horribles, des choses si différentes de ta véritable nature ? Ne parlons jamais plus de ce sujet. Tu vas écrire, n'est-ce pas, à Mme Cheveley, et lui dire que tu ne peux pas soutenir son scandaleux projet ? Si tu lui as fait une promesse, tu dois la reprendre, c'est tout !

SIR ROBERT CHILTERN. Dois-je écrire pour le lui dire ?

LADY CHILTERN. Bien sûr, Robert ! Qu'y a-t-il d'autre à faire ?

SIR ROBERT CHILTERN. Je pourrais la voir en personne. Ce serait mieux.

LADY CHILTERN. Tu ne dois jamais la revoir, Robert. Ce n'est pas une femme à qui tu devrais parler. Elle n'est pas digne de converser avec un homme comme toi. Non, tu dois lui écrire immédiatement, maintenant, à l'instant même, et lui faire comprendre dans ta lettre que ta décision est irrévocable !

SIR ROBERT CHILTERN. Écrire à l'instant même !

LADY CHILTERN. Oui.

SIR ROBERT CHILTERN. Mais il est si tard. Il est presque minuit.

LADY CHILTERN. Peu importe. Elle doit savoir tout de suite qu'elle s'est trompée à ton sujet et que tu n'es pas un homme prêt à faire quoi que ce soit de vil, de sournois ou de déshonorant. Écris ici, Robert. Écris que tu refuses de soutenir ce projet, car tu le considères comme malhonnête. Oui, écris le mot malhonnête. Elle sait ce que ce mot signifie. [SIR ROBERT CHILTERN *s'assoit et écrit une lettre. Sa femme la prend et la lit.*] Oui, c'est parfait. [*Sonne la cloche.*] Et maintenant l'enveloppe. [*Il écrit lentement l'enveloppe.* MASON *entre.*] Faites envoyer cette lettre immédiatement à l'hôtel Claridge. Il n'y a pas de réponse. [*Sortie de* MASON. LADY CHILTERN *se met à genoux à côté de son mari et l'enlace.*] Robert, l'amour donne un instinct pour les choses. Je sens ce soir que je t'ai sauvé de quelque chose qui aurait pu être un danger pour toi, de quelque chose qui aurait pu te faire moins honorer des hommes. Je ne pense pas que tu réalises suffisamment, Robert, que tu as apporté à la vie politique de notre époque une atmosphère plus noble, une attitude plus fine envers la vie, un air plus libre de buts plus purs et d'idéaux plus élevés – je le sais, et c'est pour cela que je t'aime, Robert.

SIR ROBERT CHILTERN. Oh, aime-moi toujours, Gertrude, aime-moi toujours !

LADY CHILTERN. Je t'aimerai toujours, car tu seras toujours digne d'amour. Nous devons aimer le plus élevé quand nous le voyons ! [*L'embrasse, se lève et sort.*]

[SIR ROBERT CHILTERN *marche quelques instants, puis s'assoit et enfouit son visage dans ses mains. Le domestique entre et commence à éteindre les lumières.* SIR ROBERT CHILTERN *lève les yeux.*]

SIR ROBERT CHILTERN. Éteignez les lumières, Mason, éteignez les lumières !

[*Le domestique éteint les lumières. La pièce devient presque sombre. La seule lumière provient du grand lustre qui pend au-dessus de l'escalier et illumine la tapisserie du Triomphe de l'Amour.*]

FIN DE L'ACTE

DEUXIÈME ACTE

Scène

Le salon du matin dans la maison de Sir Robert Chiltern.

[LORD GORING, *habillé avec élégance, est affalé dans un fauteuil.* SIR ROBERT CHILTERN *se tient debout devant la cheminée. Il est visiblement dans un état d'excitation et de détresse mentale intense. Au fur et à mesure de la scène, il fait les cent pas nerveusement dans la pièce.*]

LORD GORING. Mon cher Robert, c'est une affaire très embarrassante, vraiment très embarrassante. Tu aurais dû tout dire à ta femme. Les secrets envers les femmes des autres sont un luxe nécessaire dans la vie moderne, du moins c'est ce qu'on me dit au club par des personnes assez chauves pour en savoir davantage. Mais aucun homme ne devrait avoir de secrets envers sa propre femme. Elle finit toujours par les découvrir. Les femmes ont un instinct merveilleux pour ces choses-là. Elles peuvent tout découvrir, sauf l'évidence.

SIR ROBERT CHILTERN. Arthur, je ne pouvais pas le dire à ma femme. Quand aurais-je pu le lui dire ? Pas hier soir. Cela aurait entraîné une séparation à vie entre nous, et j'aurais perdu l'amour de la seule femme au monde que j'adore, la seule femme qui ait jamais éveillé en moi cet amour. Hier soir, cela aurait été tout à fait impossible. Elle se serait détournée de moi avec horreur... avec horreur et mépris.

LORD GORING. Lady Chiltern est-elle si parfaite que ça ?

SIR ROBERT CHILTERN. Oui, ma femme est aussi parfaite que ça.

LORD GORING. [*Enlevant son gant gauche.*] Quel dommage ! Je vous prie de m'excuser, mon cher ami, je ne voulais pas dire cela exactement. Mais si ce que tu me dis est vrai, j'aimerais avoir une conversation sérieuse sur la vie avec Lady Chiltern.

SIR ROBERT CHILTERN. Cela serait tout à fait inutile.

LORD GORING. Puis-je essayer ?

SIR ROBERT CHILTERN. Oui, mais rien ne pourrait la faire changer d'avis.

LORD GORING. Eh bien, dans le pire des cas, ce ne serait qu'une expérience psychologique.

SIR ROBERT CHILTERN. Toutes ces expériences sont terriblement dangereuses.

LORD GORING. Tout est dangereux, mon cher ami. Sinon, la vie ne vaudrait pas la peine d'être vécue... Eh bien, je dois dire que je pense que tu aurais dû le lui dire il y a des années.

SIR ROBERT CHILTERN. Quand ? Quand nous étions fiancés ? Penses-tu qu'elle m'aurait épousé si elle avait su que l'origine de ma fortune est telle qu'elle est, que la base de ma carrière est telle qu'elle est, et que j'ai fait une chose que la plupart des hommes qualifieraient de honteuse et déshonorante ?

LORD GORING. [*Lentement.*] Oui, la plupart des hommes la qualifieraient de noms laids. Il n'y a aucun doute là-dessus.

SIR ROBERT CHILTERN. [*Avec amertume.*] Des hommes qui font chaque jour des choses du même genre. Des hommes qui, chacun d'entre eux, ont de pires secrets dans leur propre vie.

LORD GORING. C'est la raison pour laquelle ils sont si heureux de découvrir les secrets des autres. Cela détourne l'attention du public de leurs propres secrets.

SIR ROBERT CHILTERN. Et, après tout, qui ai-je blessé par ce que j'ai fait ? Personne.

LORD GORING. [*Le regardant fixement.*] Sauf toi-même, Robert.

SIR ROBERT CHILTERN. [*Après une pause.*] Bien sûr, j'avais des informations privées sur une certaine transaction envisagée par le gouvernement de l'époque, et j'ai agi en conséquence. Les informations privées sont pratiquement à la source de toutes les grandes fortunes modernes.

LORD GORING. [*Tapotant sa botte avec sa canne.*] Et le scandale public en est invariablement le résultat.

SIR ROBERT CHILTERN. [*Marchant de long en large dans la pièce.*] Arthur, penses-tu que ce que j'ai fait il y a près de dix-huit ans devrait être utilisé contre moi aujourd'hui ? Penses-tu que ce soit juste qu'une carrière entière soit ruinée pour une faute commise dans ma jeunesse presque ? J'avais vingt-deux ans à l'époque, et j'ai eu le double malheur d'être bien né et pauvre, deux choses impardonnables de nos jours. Est-il juste que la folie, le péché de sa jeunesse, si les hommes choisissent de l'appeler péché, puisse détruire une vie comme la mienne, me placer au pilori, ébranler tout ce pour quoi j'ai travaillé, tout ce que j'ai construit. Est-ce juste, Arthur ?

LORD GORING. La vie n'est jamais juste, Robert. Et peut-être est-ce une bonne chose pour la plupart d'entre nous qu'elle ne le soit pas.

SIR ROBERT CHILTERN. Chaque homme ambitieux doit combattre son époque avec ses propres armes. Ce que vénère ce siècle, c'est la richesse. Le Dieu de ce siècle, c'est la richesse. Pour réussir, il faut avoir de la richesse. À tout prix, il faut avoir de la richesse.

LORD GORING. Tu te sous-estimes, Robert. Crois-moi, sans richesse, tu aurais pu réussir tout aussi bien.

SIR ROBERT CHILTERN. Quand j'étais vieux, peut-être. Quand j'avais perdu ma passion pour le pouvoir, ou que je ne pouvais plus l'utiliser. Quand j'étais fatigué, épuisé, déçu. Je voulais mon succès quand j'étais jeune. La jeunesse est le temps du succès. Je ne pouvais pas attendre.

LORD GORING. Eh bien, tu as certainement eu ton succès alors que tu es encore jeune. Personne de notre époque n'a connu un succès aussi brillant. Sous-secrétaire aux Affaires étrangères à l'âge de quarante ans, c'est déjà bien, je pense.

SIR ROBERT CHILTERN. Et si tout cela m'était enlevé maintenant ? Si je perds tout à cause d'un horrible scandale ? Si je suis pourchassé hors de la vie publique ?

LORD GORING. Robert, comment as-tu pu te vendre pour de l'argent ?

SIR ROBERT CHILTERN. [*Excité.*] Je ne me suis pas vendu pour de l'argent. J'ai acheté le succès à un prix élevé. C'est tout.

LORD GORING. [*Gravement.*] Oui, tu as certainement payé un prix élevé pour cela. Mais qu'est-ce qui t'a poussé à envisager une telle chose pour la première fois ?

SIR ROBERT CHILTERN. Baron Arnheim.

LORD GORING. Maudit scélérat !

SIR ROBERT CHILTERN. Non, c'était un homme d'un esprit subtil et raffiné. Un homme de culture, de charme et de distinction. L'un des hommes les plus intellectuels que j'aie jamais rencontrés.

LORD GORING. Ah ! Je préfère un sot bien élevé en toutes circonstances. On peut dire plus de choses en faveur de la stupidité que les gens ne l'imaginent. Personnellement, j'ai une grande admiration pour la stupidité. C'est une sorte de fraternité, je suppose. Mais comment a-t-il fait ? Raconte-moi toute l'histoire.

SIR ROBERT CHILTERN. [*Se jette dans un fauteuil près du bureau.*] Un soir, après dîner chez Lord Radley, le baron a commencé à parler du succès dans la vie moderne comme d'une chose que l'on peut réduire à une science absolument définie. Avec cette voix calme et fascinante qui était la sienne, il nous a exposé la plus terrible de toutes les philosophies, la philosophie du pouvoir, et prêché le plus merveilleux de tous les évangiles, l'évangile de l'or. Je pense qu'il a vu l'effet qu'il avait produit sur moi, car quelques jours plus tard, il m'a écrit pour me demander de venir le voir. Il vivait alors à Park Lane, dans la maison que Lord Woolcomb occupe maintenant. Je me souviens si bien de la façon dont, avec un étrange sourire sur ses lèvres pâles et courbées, il m'a conduit à travers sa merveilleuse galerie de tableaux, m'a montré ses tapisseries, ses émaux, ses bijoux, ses ivoires sculptés, m'a fait admirer la beauté étrange du luxe dans lequel il vivait ; et puis il m'a dit que le luxe n'était rien d'autre qu'un décor, une scène peinte dans une pièce de théâtre, et que le pouvoir, le pouvoir sur les autres hommes, le pouvoir sur le monde, était la seule chose qui méritait d'être possédée, le seul plaisir suprême digne d'être connu, la seule joie dont on ne se lassait jamais, et que, dans notre siècle, seuls les riches le possédaient.

LORD GORING. [*Avec une grande délibération.*] Une croyance totalement superficielle.

SIR ROBERT CHILTERN. [*Se levant.*] Je ne le pensais pas alors. Je ne le pense pas maintenant. La richesse m'a donné un énorme pouvoir. Elle m'a donné dès le début de ma vie une liberté, et la liberté est tout. Tu n'as jamais été pauvre et tu n'as jamais connu l'ambition. Tu ne peux pas comprendre quelle merveilleuse chance le baron m'a offerte. Une chance que peu d'hommes ont.

LORD GORING. Heureusement pour eux, si l'on en juge par les résultats. Mais dis-moi clairement, comment le Baron t'a-t-il finalement persuadé de... eh bien, de faire ce que tu as fait ?

SIR ROBERT CHILTERN. Quand je m'apprêtais à partir, il m'a dit que s'il recevait de moi des informations confidentielles de réelle valeur, il ferait de moi un homme très riche. J'étais étourdi par la perspective qu'il me présentait, et mon ambition et mon désir de pouvoir étaient alors sans limites. Six semaines plus tard, certaines pièces confidentielles sont passées entre mes mains.

LORD GORING. [*Fixant son regard sur le tapis.*] Des documents d'État ?

SIR ROBERT CHILTERN. Oui. [LORD GORING *soupire, puis passe la main sur son front et lève les yeux.*]

LORD GORING. Je n'imaginais pas que toi, parmi tous les hommes du monde, tu puisses avoir été si faible, Robert, au point de céder à une tentation comme celle que t'a offerte le Baron Arnheim.

SIR ROBERT CHILTERN. Faible ? Oh, je suis las d'entendre cette expression. Las de l'employer à propos des autres. Faible ? Crois-tu vraiment, Arthur, que c'est la faiblesse qui cède à la tentation ? Je te dis qu'il y a des tentations terribles qui exigent de la force, de la force et du courage, pour y céder. Mettre sa vie entière en jeu sur un seul instant, risquer tout sur un seul coup, que l'enjeu soit le pouvoir ou le plaisir, peu m'importe... il n'y a pas de faiblesse là-dedans. Il y a un courage horrible, terrible. J'avais ce courage. L'après-midi même, j'ai écrit au Baron Arnheim cette lettre que cette femme tient maintenant. Il a réalisé trois quarts de million avec cette transaction.

LORD GORING. Et toi ?

SIR ROBERT CHILTERN. J'ai reçu du Baron £110,000.

LORD GORING. Tu valais plus que cela, Robert.

SIR ROBERT CHILTERN. Non, cet argent m'a donné exactement ce que je voulais, du pouvoir sur les autres. Je suis entré immédiatement au Parlement. Le

Baron me conseillait occasionnellement en matière financière. En moins de cinq ans, j'avais presque triplé ma fortune. Depuis lors, tout ce que j'ai touché s'est transformé en succès. Dans tout ce qui concerne l'argent, j'ai eu une chance si extraordinaire que parfois cela m'a presque effrayé. Je me souviens avoir lu quelque part, dans un étrange livre, que lorsque les dieux veulent nous punir, ils exaucent nos prières.

LORD GORING. Mais dis-moi, Robert, n'as-tu jamais ressenti de regret pour ce que tu as fait ?

SIR ROBERT CHILTERN. Non. Je sentais que j'avais combattu le siècle avec ses propres armes, et que j'avais gagné.

LORD GORING. [*Tristement.*] Tu pensais avoir gagné.

SIR ROBERT CHILTERN. Je le pensais. [*Après une longue pause.*] Arthur, me détestes-tu pour ce que je viens de te dire ?

LORD GORING. [*D'une voix empreinte de profonde émotion.*] Je suis très désolé pour toi, Robert, vraiment très désolé.

SIR ROBERT CHILTERN. Je ne dis pas que j'ai ressenti des remords. Je n'en ai pas ressenti. Pas de remords dans le sens ordinaire, plutôt ridicule du terme. Mais j'ai payé plusieurs fois en faisant des dons de conscience. J'avais un espoir fou que je pourrais désarmer le destin. La somme que le Baron Arnheim m'a donnée, je l'ai redistribuée deux fois en œuvres de charité publique depuis lors.

LORD GORING. [*En relevant la tête.*] En œuvres de charité publique ? Mon Dieu ! le mal que tu as dû causer, Robert !

SIR ROBERT CHILTERN. Oh, ne dis pas cela, Arthur ; ne parle pas ainsi !

LORD GORING. Peu importe ce que je dis, Robert ! Je dis toujours ce que je ne devrais pas dire. En fait, je dis généralement ce que je pense réellement. Une grande erreur de nos jours. Cela nous expose tellement à être mal compris. En ce qui concerne cette affreuse affaire, je t'aiderai de toutes les manières possibles. Bien sûr, tu le sais.

SIR ROBERT CHILTERN. Merci, Arthur, merci. Mais que faire ? Que peut-on faire ?

LORD GORING. [*S'adossant, les mains dans les poches.*] Eh bien, les Anglais ne supportent pas un homme qui prétend toujours avoir raison, mais ils ont beaucoup d'affection pour celui qui admet avoir eu tort. C'est l'une de leurs plus belles qualités. Cependant, dans ton cas, Robert, une confession ne ferait pas l'affaire. L'argent, si tu me permets de le dire, est... gênant. De plus, si tu faisais une confession complète de toute l'affaire, tu ne pourrais plus jamais parler de morale. Et en Angleterre, un homme qui ne peut pas parler de morale deux fois par semaine à un public immoral, large et populaire, est tout simplement fini en tant que politicien sérieux. Il ne lui resterait plus que la botanique ou l'Église comme profession. Une confession ne servirait à rien. Elle te ruinerait.

SIR ROBERT CHILTERN. Elle me ruinerait. Arthur, la seule chose à faire maintenant est de lutter.

LORD GORING. [*Se levant de sa chaise.*] J'attendais que tu le dises, Robert. C'est la seule chose à faire maintenant. Et tu dois commencer par tout dire à ta femme.

SIR ROBERT CHILTERN. Je ne le ferai pas.

LORD GORING. Robert, crois-moi, tu te trompes.

SIR ROBERT CHILTERN. Je ne pourrais pas le faire. Cela tuerait son amour pour moi. Et maintenant, cette femme, cette Mrs. Cheveley. Comment puis-je me défendre contre elle ? Tu la connaissais avant, Arthur, apparemment.

LORD GORING. Oui.

SIR ROBERT CHILTERN. La connaissais-tu bien ?

LORD GORING. [*Arrangeant sa cravate.*] Si peu que je me suis presque fiancé avec elle une fois, lorsque j'étais chez les Tenby. L'affaire a duré trois jours... presque.

SIR ROBERT CHILTERN. Pourquoi cela s'est-il terminé ?

LORD GORING. [*Avec désinvolture.*] Oh, j'oublie. Enfin, cela n'a pas d'importance. Au fait, l'as-tu tentée avec de l'argent ? Elle était foutrement avide d'argent.

SIR ROBERT CHILTERN. Je lui ai offert n'importe quelle somme qu'elle voulait. Elle a refusé.

LORD GORING. Alors, parfois, le merveilleux évangile de l'or échoue. Les riches ne peuvent pas tout faire, après tout.

SIR ROBERT CHILTERN. Pas tout. Je suppose que tu as raison. Arthur, je sens que le déshonneur public m'attend. J'en suis certain. Je n'ai jamais connu la terreur auparavant. Je la connais maintenant. C'est comme si une main de glace était posée sur le cœur. C'est comme si mon cœur se battait à mort dans un vide sans fin.

LORD GORING. [*Frappant la table.*] Robert, tu dois te battre contre elle. Tu dois te battre contre elle.

SIR ROBERT CHILTERN. Mais comment ?

LORD GORING. Je ne peux pas te le dire pour l'instant. Je n'en ai pas la moindre idée. Mais tout le monde a un point faible. Il y a une faille en chacun de nous. [*Se promène jusqu'à la cheminée et se regarde dans le miroir.*] Mon père me dit que même moi, j'ai des défauts. Peut-être que j'en ai. Je ne sais pas.

SIR ROBERT CHILTERN. En me défendant contre Mrs. Cheveley, j'ai le droit d'utiliser n'importe quelle arme que je peux trouver, n'est-ce pas ?

LORD GORING. [*Toujours en se regardant dans le miroir.*] À ta place, je ne penserais pas avoir le moindre scrupule à le faire. Elle est parfaitement capable de se défendre elle-même.

SIR ROBERT CHILTERN. [*S'assoit à la table et prend un stylo en main.*] Eh bien, j'enverrai un télégramme codé à l'ambassade de Vienne, pour demander s'il y a quelque chose de connu contre elle. Il pourrait y avoir un scandale secret dont elle pourrait avoir peur.

LORD GORING. [*Arrangeant sa boutonnière.*] Oh, je pense que Mrs. Cheveley est l'une de ces femmes très modernes de notre époque qui trouvent un nouveau scandale aussi flatteur qu'un nouveau chapeau, et les exhibent tous les deux dans le parc chaque après-midi à cinq heures et demie. Je suis sûr qu'elle adore les scandales et que le chagrin de sa vie en ce moment est de ne pas en avoir assez.

SIR ROBERT CHILTERN. [*En écrivant.*] Pourquoi dis-tu cela ?

LORD GORING. [*Se retournant.*] Eh bien, elle portait beaucoup trop de rouge hier soir et pas assez de vêtements. C'est toujours un signe de désespoir chez une femme.

SIR ROBERT CHILTERN. [*Frappant une cloche.*] Mais ça vaut la peine que je câble à Vienne, n'est-ce pas ?

LORD GORING. Il vaut toujours la peine de poser une question, même si cela ne vaut pas toujours la peine d'y répondre.

[*Entre* MASON.]

SIR ROBERT CHILTERN. Monsieur Trafford est-il dans sa chambre ?

MASON. Oui, Sir Robert.

SIR ROBERT CHILTERN. [*Met ce qu'il a écrit dans une enveloppe, qu'il ferme ensuite soigneusement.*] Dites-lui de l'envoyer immédiatement en code. Il ne doit y avoir aucun retard.

MASON. Oui, Sir Robert.

SIR ROBERT CHILTERN. Oh ! redonnez-moi ça.

[*Il écrit quelque chose sur l'enveloppe.* MASON *sort ensuite avec la lettre.*]

SIR ROBERT CHILTERN. Elle devait avoir une emprise étrange sur le Baron Arnheim. Je me demande ce que c'était.

LORD GORING. [*Souriant.*] Je me demande.

SIR ROBERT CHILTERN. Je me battrai jusqu'à la mort contre elle, tant que ma femme ne saura rien.

LORD GORING. [*Fermement.*] Oh, bats-toi dans tous les cas, dans tous les cas.

SIR ROBERT CHILTERN. [*Gestes de désespoir.*] S'il ma femme découvrait la vérité, il ne resterait guère de raison de se battre. Eh bien, dès que j'aurai des nouvelles de Vienne, je vous informerai du résultat. C'est une chance, juste une chance, mais j'y crois. Et puisque j'ai combattu l'époque avec ses propres armes, je la combattrai avec les siennes. C'est seulement juste, et elle a l'air d'une femme au passé chargé, n'est-ce pas ?

LORD GORING. La plupart des jolies femmes en ont. Mais il y a une mode dans les passés, tout comme il y a une mode dans les robes. Peut-être que le passé de Mme Cheveley est simplement un peu décolleté, et c'est excessivement populaire de nos jours. D'ailleurs, mon cher Robert, je ne mettrais pas trop d'espoir à effrayer Mme Cheveley. Je ne pense pas que Mme Cheveley soit une femme qui se laisse facilement effrayer. Elle a survécu à tous ses créanciers et elle fait preuve d'un sang-froid admirable.

SIR ROBERT CHILTERN. Oh ! Je ne vis plus que d'espoir. Je saisis chaque opportunité. Je me sens comme un homme sur un navire qui sombre. L'eau est à mes pieds et l'air lui-même est amer de tempête. Chut ! J'entends la voix de ma femme.

[*Entre* LADY CHILTERN *en tenue de promenade.*]

LADY CHILTERN. Bon après-midi, Lord Goring !

LORD GORING. Bon après-midi, Lady Chiltern ! Étiez-vous au parc ?

LADY CHILTERN. Non, je viens juste de la Woman's Liberal Association, où, au fait, Robert, votre nom a été accueilli avec des applaudissements nourris, et maintenant je suis rentrée pour prendre mon thé. [*À* LORD GORING.] Vous attendrez et prendrez du thé, n'est-ce pas ?

LORD GORING. J'attendrai un court moment, merci.

LADY CHILTERN. Je reviens dans un instant. Je vais juste enlever mon chapeau.

LORD GORING. [*De manière très sérieuse.*] Oh ! s'il vous plaît, ne le faites pas. Il est si joli. L'un des chapeaux les plus beaux que j'aie jamais vus. J'espère que la Woman's Liberal Association l'a applaudi chaleureusement.

LADY CHILTERN. [*Avec un sourire.*] Nous avons des travaux bien plus importants à faire que d'admirer nos chapeaux, Lord Goring.

LORD GORING. Vraiment ? Quel genre de travaux ?

LADY CHILTERN. Oh ! des choses ennuyeuses, utiles, passionnantes, lois sur les usines, inspectrices féminines, la loi sur les huit heures de travail, le droit de vote au Parlement... Tout, en fait, que vous trouveriez profondément ennuyeux.

LORD GORING. Et jamais des chapeaux ?

LADY CHILTERN. [*Avec indignation feinte.*] Jamais des chapeaux, jamais !

[LADY CHILTERN *sort par la porte menant à son boudoir.*]

SIR ROBERT CHILTERN. [*Prend la main de* LORD GORING.] Tu as été un bon ami pour moi, Arthur, un véritable bon ami.

LORD GORING. Je ne sais pas si j'ai pu faire beaucoup pour toi, Robert, pour l'instant. En fait, je n'ai pas été en mesure de faire quoi que ce soit pour toi, à ce que je vois. Je suis profondément déçu de moi-même.

SIR ROBERT CHILTERN. Tu m'as permis de te dire la vérité. C'est déjà quelque chose. La vérité m'a toujours étouffé.

LORD GORING. Ah ! la vérité est une chose dont je me débarrasse dès que possible ! Mauvaise habitude, d'ailleurs. Cela vous rend très impopulaire au club... auprès des membres plus âgés. Ils appellent cela de la vanité. Peut-être que c'est le cas.

SIR ROBERT CHILTERN. J'aurais aimé, par Dieu, avoir été capable de dire la vérité... de vivre la vérité. Ah ! c'est la grande chose dans la vie, vivre la vérité. [*Soupir, et se dirige vers la porte.*] Je te reverrai bientôt, Arthur, n'est-ce pas ?

LORD GORING. Bien sûr. Quand tu veux. Je vais passer au Bal des Célibataires ce soir, à moins que je trouve quelque chose de mieux à faire. Mais je passerai demain matin. Si jamais tu as besoin de moi ce soir par hasard, envoie une note à Curzon Street.

SIR ROBERT CHILTERN. Merci.

[*Alors qu'il atteint la porte,* LADY CHILTERN *entre de son boudoir.*]

LADY CHILTERN. Tu pars, Robert ?

SIR ROBERT CHILTERN. J'ai quelques lettres à écrire, chérie.

LADY CHILTERN. [*Allant vers lui.*] Tu travailles trop dur, Robert. Tu sembles ne jamais penser à toi-même, et tu as l'air si fatigué.

SIR ROBERT CHILTERN. Ce n'est rien, chère, rien du tout.
[*Il l'embrasse et sort.*]

LADY CHILTERN. [À LORD GORING.] Asseyez-vous donc. Je suis si heureuse que vous soyez venu. Je veux vous parler de... enfin, pas de chapeaux, ni de l'Association libérale des femmes. Vous vous intéressez bien trop au premier sujet et pas assez au second.

LORD GORING. Vous voulez me parler de Mme Cheveley ?

LADY CHILTERN. Oui. Vous l'avez deviné. Après votre départ hier soir, j'ai découvert que ce qu'elle avait dit était vrai. Bien sûr, j'ai fait écrire à Robert une lettre immédiatement, retirant sa promesse.

LORD GORING. C'est ce qu'il m'a laissé entendre.

LADY CHILTERN. L'avoir maintenue aurait été la première tache sur une carrière qui a toujours été sans tache. Robert doit être irréprochable. Il n'est pas comme les autres hommes. Il ne peut pas se permettre de faire ce que les autres hommes font. [*Elle regarde* LORD GORING, *qui reste silencieux.*] N'êtes-vous pas d'accord avec moi ? Vous êtes le plus grand ami de Robert. Vous êtes notre plus grand ami, Lord Goring. Personne, à part moi, ne connaît Robert aussi bien que vous. Il n'a aucun secret pour moi, et je ne pense pas qu'il en ait pour vous.

LORD GORING. Il n'a certainement aucun secret pour moi. Enfin, je ne le pense pas.

LADY CHILTERN. Alors, ai-je raison dans mon évaluation de lui ? Je sais que j'ai raison. Mais parlez-moi franchement.

LORD GORING. [*La regardant droit dans les yeux.*] Tout à fait franchement ?

LADY CHILTERN. Certainement. Vous n'avez rien à cacher, n'est-ce pas ?

LORD GORING. Rien. Mais, ma chère Lady Chiltern, je pense, si vous me permettez de le dire, que dans la vie pratique...

LADY CHILTERN. [*Souriant.*] Dont vous connaissez si peu, Lord Goring...

LORD GORING. Dont je ne sais rien par expérience, bien que je sache quelque chose par observation. Je pense que dans la vie pratique, il y a quelque chose à propos du succès, du véritable succès, qui est un peu sans scrupules, quelque chose à propos de l'ambition qui est toujours sans scrupules. Une fois qu'un homme a mis son cœur et son âme pour atteindre un certain point, s'il doit escalader un rocher, il escalade le rocher ; s'il doit marcher dans la boue...

LADY CHILTERN. Eh bien ?

LORD GORING. Il marche dans la boue. Bien sûr, je parle seulement en général de la vie.

LADY CHILTERN. [*Gravement.*] J'espère bien. Pourquoi me regardez-vous ainsi, Lord Goring ?

LORD GORING. Lady Chiltern, j'ai parfois pensé que... peut-être vous êtes un peu sévère dans certaines de vos opinions sur la vie. Je pense que... souvent vous ne faites pas suffisamment de concessions. Dans chaque nature humaine, il y a des éléments de faiblesse, ou pire que la faiblesse. Supposons, par exemple, que... que n'importe quel homme politique, mon père, ou Lord Merton, ou Robert, disons, avait, il y a des années, écrit une lettre stupide à quelqu'un...

LADY CHILTERN. Que voulez-vous dire par une lettre stupide ?

LORD GORING. Une lettre compromettant sérieusement sa position. Je ne fais que donner un exemple imaginaire.

LADY CHILTERN. Robert est aussi incapable de faire une chose stupide que de faire une chose mauvaise.

LORD GORING. [*Après un long silence.*] Personne n'est incapable de faire une chose stupide. Personne n'est incapable de faire une chose mauvaise.

LADY CHILTERN. Êtes-vous un pessimiste ? Que vont dire les autres dandys ? Ils devront tous se mettre en deuil.

LORD GORING. [*Se levant.*] Non, Lady Chiltern, je ne suis pas un pessimiste. En fait, je ne suis pas sûr de bien comprendre ce que signifie réellement le pessimisme. Tout ce que je sais, c'est que la vie ne peut pas être comprise sans beaucoup de charité, ne peut pas être vécue sans beaucoup de charité. C'est l'amour, et non la philosophie allemande, qui est la véritable explication de ce monde, quelle que soit l'explication de l'autre monde. Et si vous êtes jamais en difficulté, Lady Chiltern, faites-moi une entière confiance et je vous aiderai de toutes les manières possibles. Si vous avez besoin de moi, venez me trouver et vous l'aurez. Venez immédiatement me voir.

LADY CHILTERN. [*Le regardant avec surprise.*] Lord Goring, vous parlez tout à fait sérieusement. Je ne pense pas vous avoir déjà entendu parler sérieusement.

LORD GORING. [*Riant.*] Excusez-moi, Lady Chiltern. Ça ne se reproduira plus, si je peux l'éviter.

LADY CHILTERN. Mais j'aime vous voir sérieux.

[*Entre* MABEL CHILTERN, *dans une robe ravissante.*]
MABEL CHILTERN. Chère Gertrude, ne dites pas une chose si terrible à Lord Goring. La gravité ne lui conviendrait pas du tout. Bonjour Lord Goring ! Soyez aussi futile que possible, je vous en prie.

LORD GORING. J'aimerais bien, Miss Mabel, mais je crains que je ne sois... un peu rouillé ce matin ; et en plus, je dois partir maintenant.

MABEL CHILTERN. Juste quand je suis arrivée ! Quels mauvais manières vous avez ! Je suis sûre que vous avez été très mal élevé.

LORD GORING. C'est vrai.

MABEL CHILTERN. J'aurais aimé vous avoir élevé !

LORD GORING. Je suis désolé que ça n'ait pas été le cas.

MABEL CHILTERN. Il est trop tard maintenant, je suppose ?

LORD GORING. [*Souriant.*] Je n'en suis pas si sûr.

MABEL CHILTERN. Vous monterez à cheval demain matin ?

LORD GORING. Oui, à dix heures.

MABEL CHILTERN. N'oubliez pas.

LORD GORING. Bien sûr que non. Au fait, Lady Chiltern, il n'y a pas de liste de vos invités dans The Morning Post d'aujourd'hui. Elle a apparemment été évincée par le Conseil du comté, ou la Conférence de Lambeth, ou quelque chose d'aussi ennuyeux. Pourriez-vous m'en donner une liste ? J'ai une raison particulière de vous demander cela.

LADY CHILTERN. Je suis sûre que M. Trafford pourra vous en donner une.

LORD GORING. Merci beaucoup.

MABEL CHILTERN. Tommy est la personne la plus utile à Londres.

LORD GORING. [*Se tournant vers elle.*] Et qui est la plus ornée ?

MABEL CHILTERN. [*Triomphalement.*] C'est moi.

LORD GORING. Comme vous êtes perspicace ! [*Prend son chapeau et sa canne.*]

Au revoir, Lady Chiltern ! Vous vous souviendrez de ce que je vous ai dit, n'est-ce pas ?

LADY CHILTERN. Oui, mais je ne sais pas pourquoi vous me l'avez dit.

LORD GORING. Je ne le sais presque pas moi-même. Au revoir, Miss Mabel !

MABEL CHILTERN. [*Avec une petite moue de déception.*] Je souhaite que vous ne partiez pas. J'ai eu quatre aventures merveilleuses ce matin ; en fait, quatre et demi. Vous pourriez rester et en écouter quelques-unes.

LORD GORING. Comme vous êtes égoïste d'en avoir quatre et demi ! Il n'en resterait plus pour moi.

MABEL CHILTERN. Je ne veux pas que vous en ayez. Ce ne serait pas bon pour vous.

LORD GORING. C'est la première chose désagréable que vous me dites. Comme vous l'avez charmamment dit ! À demain dix heures.

MABEL CHILTERN. Pile à l'heure.

LORD GORING. Tout à fait à l'heure. Mais ne venez pas avec M. Trafford.

MABEL CHILTERN. [*Avec un petit mouvement de tête.*] Bien sûr que je ne viendrai pas avec Tommy Trafford. Tommy Trafford est en grand disgrâce.

LORD GORING. Je suis ravi de l'apprendre. [*Il s'incline et sort.*]

MABEL CHILTERN. Gertrude, je souhaite que tu parles à Tommy Trafford.

LADY CHILTERN. Qu'a encore fait le pauvre M. Trafford ? Robert dit que c'est le meilleur secrétaire qu'il ait jamais eu.

MABEL CHILTERN. Eh bien, Tommy m'a de nouveau fait une proposition. Tommy ne fait vraiment que me faire des propositions. Il m'a proposé la nuit dernière dans la salle de musique, alors que j'étais totalement sans défense, car il y avait un trio élaboré en cours. Je n'osais pas faire la moindre répartie, je n'ai pas besoin de te le dire. Si j'en avais fait une, cela aurait immédiatement interrompu la musique. Les gens de musique sont tellement déraisonnables. Ils veulent toujours qu'on reste parfaitement silencieux au moment même où l'on souhaite être absolument sourd. Puis il m'a proposé en plein jour ce matin, devant cette affreuse statue d'Achille. Vraiment, les choses qui se passent devant cette œuvre d'art sont tout à fait effrayantes. La police devrait intervenir. Au déjeuner, j'ai vu dans son regard qu'il allait encore me faire une proposition, et j'ai juste réussi à l'arrêter à temps en lui assurant que j'étais bimétalliste. Heureusement, je ne sais pas ce que cela signifie. Et je ne crois pas que quiconque d'autre le sache non plus. Mais cette observation a fait taire Tommy pendant dix minutes. Il avait l'air tout choqué. Et puis Tommy est si agaçant dans sa manière de faire des propositions. Si seulement il le faisait à voix haute, je ne m'en soucierais pas tant. Cela pourrait produire un certain effet sur le public. Mais il le fait de manière horripilante et confidentielle. Quand Tommy veut être romantique, il parle à une personne comme un médecin. J'aime beaucoup Tommy, mais ses méthodes de proposition sont tout à fait démodées. J'aimerais bien, Gertrude, que tu lui parles et que tu lui dises qu'une fois par semaine est amplement suffisant pour faire une proposition à quelqu'un, et que cela devrait toujours être fait de manière à attirer l'attention.

LADY CHILTERN. Chère Mabel, ne parle pas ainsi. De plus, Robert a une très bonne opinion de M. Trafford. Il croit qu'il a un brillant avenir devant lui.

MABEL CHILTERN. Oh ! Je ne me marierais pas avec un homme qui a un avenir devant lui pour quoi que ce soit au monde.

LADY CHILTERN. Mabel !

MABEL CHILTERN. Je sais, ma chère. Tu t'es mariée avec un homme qui avait un avenir, n'est-ce pas ? Mais alors Robert était un génie, et tu as un caractère noble et altruiste. Tu supportes les génies. Je n'ai aucun caractère, et Robert est le seul génie que je puisse supporter. En règle générale, je les trouve tout à fait impossibles. Les génies parlent tellement, n'est-ce pas ?Quelle mauvaise habitude ! Et ils ne pensent qu'à eux-mêmes, alors que je veux qu'ils pensent à moi. Je dois maintenant aller répéter chez Lady Basildon. Tu te souviens, nous faisons des tableaux vivants, n'est-ce pas ? Le Triomphe de quelque chose, je ne sais pas quoi ! J'espère que cela sera le triomphe de moi. Le seul triomphe qui m'intéresse réellement en ce moment. [*Embrasse* LADY CHILTERN *et sort ; puis revient en courant.*] Oh, Gertrude, sais-tu qui vient te voir ? Cette affreuse Mrs. Cheveley, dans une robe magnifique. L'as-tu invitée ?

LADY CHILTERN. [*Se levant.*] Mrs. Cheveley ! Vient me rendre visite ? Impossible !

MABEL CHILTERN. Je t'assure qu'elle monte les escaliers, bien en chair et pas du tout naturelle.

LADY CHILTERN. Tu n'as pas besoin d'attendre, Mabel. N'oublie pas que Lady Basildon t'attend.

MABEL CHILTERN. Oh ! Je dois serrer la main de Lady Markby. Elle est charmante. J'adore quand elle me réprimande.

[*Entre* MASON.]

MASON. Lady Markby. Mrs. Cheveley.

[*Entrent* LADY MARKBY *et* MRS. CHEVELEY.]

LADY CHILTERN. [*S'avançant pour les accueillir.*] Chère Lady Markby, quelle gentillesse de venir me voir ! [*Serre la main de Lady Markby, et fait une révérence plutôt distante à* MRS. CHEVELEY.] Voulez-vous vous asseoir, Mrs. Cheveley ?

MRS. CHEVELEY. Merci. N'est-ce pas Miss Chiltern ? J'aimerais tellement faire sa connaissance.

LADY CHILTERN. Mabel, Mrs. Cheveley souhaite te connaître.

[MABEL CHILTERN *fait un petit signe de tête.*]

MRS. CHEVELEY [*S'asseyant.*] Je trouvais votre robe si charmante hier soir, Miss Chiltern. Si simple et... appropriée.

MABEL CHILTERN. Vraiment ? Il faut que je le dise à ma couturière. Ça lui fera une surprise. Au revoir, Lady Markby !

LADY MARKBY. Vous partez déjà ?

MABEL CHILTERN. Je suis désolée, mais je suis obligée de partir. Je vais juste à la répétition. Je dois faire le poirier dans des tableaux vivants.

LADY MARKBY. Sur ta tête, ma chérie ? Oh ! J'espère que non. Je crois que c'est très malsain. [*Prend place sur le canapé à côté de* LADY CHILTERN.]

MABEL CHILTERN. Mais c'est pour une excellente œuvre de charité : au profit des Indignes, les seules personnes qui m'intéressent vraiment. Je suis la secrétaire, et Tommy Trafford est le trésorier.

MRS. CHEVELEY. Et qu'en est-il de Lord Goring ?

MABEL CHILTERN. Oh ! Lord Goring est le président.

MRS. CHEVELEY. Ce poste devrait lui convenir admirablement, à moins qu'il n'ait changé depuis que je l'ai connu.

LADY MARKBY. [*Réfléchissant.*] Tu es remarquablement moderne, Mabel. Un peu trop moderne, peut-être. Rien n'est aussi dangereux que d'être trop moderne. On risque de devenir soudainement démodé. J'en ai connu beaucoup d'exemples.

MABEL CHILTERN. Quelle perspective effrayante !

LADY MARKBY. Ah ! ma chère, tu n'as pas à t'inquiéter. Tu seras toujours aussi jolie que possible. C'est la meilleure mode qui soit, et la seule mode que l'Angleterre parvient à imposer.

MABEL CHILTERN. [*Avec une révérence.*] Merci beaucoup, Lady Markby, pour l'Angleterre... et moi-même. [*Sort.*]

LADY MARKBY. [*Se tournant vers* LADY CHILTERN.] Chère Gertrude, nous sommes simplement venues pour savoir si le broche en diamants de Mrs. Cheveley a été retrouvé.

LADY CHILTERN. Ici ?

MRS. CHEVELEY. Oui. Je m'en suis rendue compte en revenant à Claridge's, et je pensais l'avoir peut-être perdue ici.

LADY CHILTERN. Je n'en ai rien entendu parler. Mais je vais envoyer chercher le majordome et lui demander. [*Sonnette.*]

MRS. CHEVELEY. Oh, je vous en prie, Lady Chiltern. Ne vous donnez pas la peine. J'imagine l'avoir perdue à l'Opéra, avant de venir ici.

LADY MARKBY. Ah oui, je suppose que cela doit avoir été à l'Opéra. Le fait est que nous nous bousculons et nous nous poussons tellement de nos jours que je me demande comment il nous reste quelque chose à la fin de la soirée. Je sais moi-même que lorsque je rentre du Salon, j'ai toujours l'impression de n'avoir plus rien sur moi, à l'exception d'un petit bout de réputation correcte, juste assez pour empêcher les classes inférieures de faire des observations pénibles à travers les fenêtres de la voiture. Le fait est que notre société est terriblement surpeuplée. Vraiment, quelqu'un devrait organiser un programme approprié d'émigration assistée. Cela ferait beaucoup de bien.

MRS. CHEVELEY. Je suis tout à fait d'accord avec vous, Lady Markby. Cela fait presque six ans que je n'ai pas été à Londres pour la saison, et je dois dire que la société est devenue affreusement mélangée. On voit les gens les plus étranges partout.

LADY MARKBY. C'est tout à fait vrai, ma chère. Mais on n'est pas obligé de les connaître. Je suis sûre que je ne connais pas la moitié des personnes qui viennent chez moi. D'ailleurs, d'après tout ce que j'entends, je ne tiens pas à les connaître.

[*Entre* MASON.]

LADY CHILTERN. Quel genre de broche avez-vous perdu, Mrs. Cheveley ?

MRS. CHEVELEY. Une broche en diamants en forme de serpent avec un rubis, un rubis plutôt gros.

LADY MARKBY. Je croyais que vous aviez dit qu'il y avait un saphir sur la tête, ma chère ?

MRS. CHEVELEY [*Souriant.*] Non, Lady Markby, un rubis.

LADY MARKBY. [*Faisant un signe de tête.*] Et qui vous va très bien, j'en suis tout à fait sûre.

LADY CHILTERN. Une broche en rubis et diamants a-t-elle été retrouvée dans l'une des pièces ce matin, Mason ?

MASON. Non, milady.

MRS. CHEVELEY. Ce n'est vraiment pas grave, Lady Chiltern. Je suis tellement désolée de vous avoir causé le moindre dérangement.

LADY CHILTERN. [*Froidement.*] Oh, cela n'a pas été un dérangement. Cela suffit, Mason. Vous pouvez apporter le thé.

[*Sortie de* MASON.]

LADY MARKBY. Eh bien, je dois dire que c'est extrêmement ennuyeux de perdre quelque chose. Je me souviens qu'une fois à Bath, il y a des années, j'ai perdu dans la salle des pompes un bracelet camée extrêmement élégant que Sir John m'avait offert. Je ne pense pas qu'il m'ait jamais rien donné depuis, malheureusement. Il a vraiment dégénéré. Vraiment, cette horrible Chambre des Communes ruine nos maris. Je pense que la Chambre basse est le plus grand coup porté à une vie conjugale heureuse depuis cette terrible chose appelée l'éducation supérieure des femmes.

LADY CHILTERN. Ah! C'est de l'hérésie de dire cela dans cette maison, Lady Markby. Robert est un grand défenseur de l'éducation supérieure des femmes, et moi aussi, j'en ai bien peur.

MRS. CHEVELEY. J'aimerais voir une éducation supérieure pour les hommes. Les hommes en ont tellement besoin.

LADY MARKBY. C'est vrai, ma chère. Mais je crains qu'un tel projet ne soit tout à fait impraticable. Je ne pense pas que l'homme ait beaucoup de capacité à se développer. Il a atteint ses limites, et ce n'est pas très loin, n'est-ce pas ? En ce qui concerne les femmes, eh bien, chère Gertrude, vous appartenez à la génération plus jeune, et je suis sûre que c'est bien si vous l'approuvez. À mon époque, bien sûr, on nous apprenait à ne rien comprendre. C'était le vieux système, et c'était merveilleusement intéressant. Je vous assure que la quantité de choses que ma pauvre sœur et moi avons été instruites de ne pas comprendre était tout à fait extraordinaire. Mais on me dit que les femmes modernes comprennent tout.

MRS. CHEVELEY. Sauf leurs maris. C'est la seule chose que la femme moderne ne comprend jamais.

LADY MARKBY. Et c'est très bien ainsi, ma chère, je suppose. Cela pourrait briser de nombreux foyers heureux si elles le faisaient. Pas le vôtre, bien sûr, Gertrude. Vous avez épousé un mari modèle. J'aimerais pouvoir en dire autant de moi. Mais depuis que Sir John a pris l'habitude d'assister régulièrement aux débats, ce qu'il ne faisait jamais dans le bon vieux temps, son langage est devenu tout à fait insupportable. Il a toujours l'impression de s'adresser à la Chambre, et donc chaque fois qu'il parle de l'état des travailleurs agricoles ou de l'Église galloise, ou quelque chose de tout à fait inapproprié de ce genre, je suis obligée de renvoyer tous les domestiques hors de la pièce. Ce n'est pas agréable de voir son propre majordome, qui est avec moi depuis vingt-trois ans, rougir réellement près du buffet, et les valets faire des contorsions dans les coins comme des personnes dans un cirque. Je vous assure que ma vie sera complètement ruinée à moins qu'ils n'envoient John immédiatement à la Chambre des Lords. Il ne s'intéressera plus à la politique, n'est-ce pas ? La Chambre des Lords est tellement sensée. Une assemblée de gentlemen. Mais dans son état actuel, Sir John est vraiment un grand défi. Ce matin, avant même que le petit déjeuner ne soit terminé, il s'est levé devant le foyer, a mis ses mains dans ses poches et a appelé le pays à tue-tête. Je suis partie de table dès que j'ai pris ma deuxième tasse de thé, je n'ai pas besoin de le dire. Mais son langage violent pouvait être entendu dans toute la maison ! J'espère, Gertrude, que Sir Robert n'est pas comme ça ?

LADY MARKBY. Eh bien, j'espère qu'il ne se consacre pas autant aux livres bleus que Sir John. Je ne pense pas que ce soit une lecture très édifiante pour qui que ce soit.

MRS. CHEVELEY [*Languissamment.*] Je n'ai jamais lu un livre bleu. Je préfère les livres... aux couvertures jaunes.

LADY MARKBY. [*D'une manière joyeusement inconsciente.*] Le jaune est une couleur plus gaie, n'est-ce pas ? Je portais beaucoup de jaune dans ma jeunesse, et je le ferais encore si Sir John n'était pas si cruellement critique dans ses observations. Et un homme qui parle de mode est toujours ridicule, n'est-ce pas ?

MRS. CHEVELEY. Oh non ! Je pense que les hommes sont les seules autorités en matière de mode.

LADY MARKBY. Vraiment ? On ne dirait pas cela d'après le genre de chapeaux qu'ils portent, n'est-ce pas ?

[*Le majordome entre, suivi du valet. Le thé est disposé sur une petite table près de* LADY CHILTERN.]

LADY CHILTERN. Puis-je vous servir du thé, Mrs. Cheveley ?

MRS. CHEVELEY. Merci. [*Le majordome tend à* MRS. CHEVELEY *une tasse de thé sur un plateau.*]

LADY CHILTERN. Du thé, Lady Markby ?

LADY MARKBY. Non merci, chère. [*Les domestiques sortent.*] En fait, j'ai promis de passer dix minutes chez la pauvre Lady Brancaster, qui traverse une période très difficile. Sa fille, une jeune fille bien éduquée, s'est effectivement fiancée à un vicaire dans le Shropshire. C'est très triste, très triste en effet. Je ne comprends pas cette manie moderne pour les vicaires. À mon époque, nous les jeunes filles les voyions bien sûr, courir partout comme des lapins. Mais nous ne leur accordions aucune attention, je n'ai pas besoin de le dire. Mais on me dit qu'aujourd'hui la société rurale en est truffée. Je trouve cela très irréligieux. Et puis l'aîné s'est disputé avec son père, et on dit que lorsqu'ils se rencontrent au club, Lord Brancaster se cache toujours derrière la rubrique financière du Times. Cependant, je crois que c'est une occurrence tout à fait courante de nos jours et qu'ils doivent prendre des exemplaires supplémentaires du Times dans tous les clubs de St. James's Street ; il y a tant de fils qui ne veulent rien avoir à faire avec leurs pères, et tant de pères qui refusent de parler à leurs fils. Je pense, quant à moi, que c'est très regrettable.

MRS. CHEVELEY. Je suis d'accord. Les pères ont tant à apprendre de leurs fils de nos jours.

LADY MARKBY. Vraiment, chère ? Quoi donc ?

MRS. CHEVELEY. L'art de vivre. Le seul véritable Bel Art que nous ayons produit à l'époque moderne.

LADY MARKBY. [*Secouant la tête.*] Ah ! J'ai bien peur que Lord Brancaster en sache beaucoup à ce sujet. Plus que sa pauvre épouse en tout cas. [*Se tournant vers* LADY CHILTERN.] Vous connaissez Lady Brancaster, n'est-ce pas, chère ?

LADY CHILTERN. Juste un peu. Elle séjournait à Langton l'automne dernier, quand nous y étions.

LADY MARKBY. Eh bien, comme toutes les femmes corpulentes, elle semble être l'image même du bonheur, comme vous avez pu le remarquer. Mais il y a beaucoup de drames dans sa famille, en dehors de cette affaire avec le vicaire. Sa propre sœur, Mme Jekyll, a vécu une vie très malheureuse ; sans aucune faute de sa part, je suis désolée de le dire. Elle en est finalement devenue si brisée de chagrin qu'elle est entrée dans un couvent, ou elle est devenue chanteuse d'opéra, je ne me souviens plus exactement. Non, je pense que c'était l'art décoratif, la broderie, qu'elle a embrassé. Je sais qu'elle avait perdu tout sens du plaisir dans la vie. [*Se lève.*] Et maintenant, Gertrude, si vous me le permettez, je vais vous confier Mrs. Cheveley et je repasserai la chercher dans un quart d'heure. Ou peut-être, chère Mrs. Cheveley, cela ne vous dérangerait pas d'attendre dans la voiture pendant que je suis avec Lady Brancaster. Comme je compte rendre une visite de condoléances, je ne resterai pas longtemps.

MRS. CHEVELEY [*Se levant.*] Je ne suis pas du tout dérangée de rester dans la voiture, pourvu qu'il y ait quelqu'un pour regarder.

LADY MARKBY. Eh bien, j'ai entendu dire que le vicaire rôde toujours autour de la maison.

MRS. CHEVELEY. J'ai bien peur de ne pas aimer les amies filles.

LADY CHILTERN [*Se levant.*] Oh, j'espère que Mrs. Cheveley restera un peu ici. J'aimerais avoir quelques minutes de conversation avec elle.

MRS. CHEVELEY. Comme c'est aimable à vous, Lady Chiltern ! Croyez-moi, rien ne me ferait plus plaisir.

LADY MARKBY. Ah ! sans aucun doute, vous avez toutes les deux de merveilleux souvenirs agréables de vos jours d'école à partager. Au revoir, chère Gertrude ! Vous viendrez chez Lady Bonar ce soir ? Elle a découvert un nouveau génie merveilleux. Il ne fait... absolument rien du tout, je crois. C'est une grande consolation, n'est-ce pas ?

LADY CHILTERN. Robert et moi dînons seuls à la maison ce soir, et je ne pense pas que je sortirai après. Robert, bien sûr, devra être à la Chambre. Mais il n'y a rien d'intéressant.

LADY MARKBY. Dîner seuls à la maison ? Est-ce vraiment prudent ? Ah, j'ai oublié, votre mari est une exception. Le mien est la règle générale, et rien ne vieillit une femme aussi rapidement que d'avoir épousé la règle générale. [LADY MARKBY sort.]

MRS. CHEVELEY. Femme merveilleuse, Lady Markby, n'est-ce pas ? Elle parle beaucoup et dit peu, plus que quiconque que j'aie jamais rencontré. Elle est faite pour être une oratrice publique. Beaucoup plus que son mari, bien qu'il soit un Anglais typique, toujours ennuyeux et souvent violent.

LADY CHILTERN. [*Ne répond pas, mais reste debout. Un silence s'installe. Puis les regards des deux femmes se rencontrent. LADY CHILTERN a l'air sévère et pâle. MRS. CHEVELEY semble plutôt amusée.*] Mrs. Cheveley, je pense qu'il est juste de vous dire franchement que, si j'avais su qui vous étiez vraiment, je ne vous aurais pas invitée chez moi hier soir.

MRS. CHEVELEY [*Avec un sourire impertinent.*] Vraiment ?

LADY CHILTERN. Je n'aurais pas pu le faire.

MRS. CHEVELEY. Je vois qu'après toutes ces années, tu n'as pas changé d'un iota, Gertrude.

LADY CHILTERN. Je ne change jamais.

MRS. CHEVELEY [*Relevant ses sourcils.*] Alors la vie ne t'a rien appris ?

LADY CHILTERN. Elle m'a appris qu'une personne qui s'est une fois rendue coupable d'une action malhonnête et déshonorante peut la commettre une deuxième fois et devrait être évitée.

MRS. CHEVELEY. Appliquerais-tu cette règle à tout le monde ?

LADY CHILTERN. Oui, à tout le monde, sans exception.

MRS. CHEVELEY. Alors je suis désolée pour toi, Gertrude, très désolée.

LADY CHILTERN. Maintenant, tu vois, j'étais sûre que pour de nombreuses raisons, toute autre relation entre nous pendant ton séjour à Londres est tout simplement impossible ?

MRS. CHEVELEY [*S'appuyant sur le dossier de sa chaise.*] Sais-tu, Gertrude, que ça ne me dérange pas du tout que tu parles de moralité. La moralité est simplement l'attitude que nous adoptons envers les personnes que nous n'aimons pas personnellement. Tu ne m'aimes pas. J'en suis tout à fait consciente. Et je t'ai toujours détestée. Et pourtant, je suis venue ici pour te rendre service.

LADY CHILTERN. [*Avec mépris.*] Comme le service que tu voulais rendre à mon mari hier soir, je suppose. Dieu merci, je l'en ai préservé.

MRS. CHEVELEY. [*Se levant brusquement.*] C'est toi qui l'as poussé à m'écrire cette lettre insolente ? C'est toi qui l'as poussé à rompre sa promesse ?

LADY CHILTERN. Oui.

MRS. CHEVELEY. Alors, tu dois le pousser à respecter sa parole. Je te donne jusqu'à demain matin, pas plus. Si d'ici là ton mari ne s'engage pas solennellement à m'aider dans ce grand projet qui me tient à cœur...

LADY CHILTERN. Cette spéculation frauduleuse...

MRS. CHEVELEY. Appelle ça comme tu veux. Je tiens ton mari entre mes mains, et si tu es sage, tu le pousseras à faire ce que je lui dis.

LADY CHILTERN. [*Se levant et s'approchant d'elle.*] Tu es impertinente. Quel rapport mon mari a-t-il avec toi ? Avec une femme comme toi ?

MRS. CHEVELEY [*Riant amèrement.*] Dans ce monde, les semblables se rencontrent. C'est parce que ton mari est lui-même frauduleux et malhonnête que nous formons un si bon duo. Entre toi et lui, il y a des abîmes. Lui et moi, nous sommes plus proches que des amis. Nous sommes des ennemis liés l'un à l'autre. Le même péché nous unit.

LADY CHILTERN. Comment oses-tu comparer mon mari à toi-même ? Comment oses-tu le menacer, lui ou moi ? Quitte ma maison. Tu n'es pas digne d'y entrer.

[SIR ROBERT CHILTERN *entre par derrière. Il entend les derniers mots de sa femme et voit à qui ils sont adressés. Il devient mortellement pâle.*]

MRS. CHEVELEY. Ta maison ! Une maison achetée avec le prix du déshonneur. Une maison dont tout a été payé par la fraude. [*Elle se retourne et voit* SIR ROBERT CHILTERN.] Demande-lui quelle est l'origine de sa fortune ! Fais-le te raconter comment il a vendu à un agent de change un secret d'État. Apprends de lui à quoi tu dois ta position.

LADY CHILTERN. Ce n'est pas vrai ! Robert ! Ce n'est pas vrai !

MRS. CHEVELEY. [*Le désignant du doigt.*] Regarde-le ! Peut-il le nier ? Ose-t-il le faire ?

SIR ROBERT CHILTERN. Pars ! Pars immédiatement. Tu as fait ton pire maintenant.

MRS. CHEVELEY. Mon pire ? Je n'en ai pas fini avec vous, ni avec l'un ni avec l'autre. Je vous donne jusqu'à demain midi. Si d'ici là vous ne faites pas ce que je vous ordonne de faire, le monde entier connaîtra l'origine de Robert Chiltern.

[SIR ROBERT CHILTERN *sonne la cloche.* MASON *entre.*]

SIR ROBERT CHILTERN. Faites sortir Mme Cheveley.

[MRS. CHEVELEY *se lève ; puis s'incline avec une politesse quelque peu exagérée envers* LADY CHILTERN, *qui ne montre aucun signe de réponse. Alors qu'elle passe devant* SIR ROBERT CHILTERN, *qui se tient près de la porte, elle s'arrête un instant et le regarde droit dans les yeux. Puis elle sort, suivie du domestique qui referme la porte derrière lui. Le mari et la femme se retrouvent seuls.* LADY CHILTERN *se tient comme quelqu'un dans un rêve affreux. Puis elle se retourne et regarde son mari. Elle le regarde d'un regard étrange, comme si elle le voyait pour la première fois.*]

LADY CHILTERN. Tu as vendu un secret d'État pour de l'argent ! Tu as commencé ta vie par la fraude ! Tu as bâti ta carrière sur le déshonneur ! Oh, dis-moi que ce n'est pas vrai ! Mens-moi ! Mens-moi ! Dis-moi que ce n'est pas vrai !

SIR ROBERT CHILTERN. Ce que cette femme a dit est tout à fait vrai. Mais, Gertrude, écoute-moi. Tu ne te rends pas compte de la tentation à laquelle j'ai été soumis. Laisse-moi tout te raconter. [*Il s'approche d'elle.*]

LADY CHILTERN. Ne t'approche pas de moi. Ne me touche pas. J'ai l'impression que tu m'as souillée à jamais. Oh ! quel masque tu as porté toutes ces années ! Un horrible masque peint ! Tu t'es vendu pour de l'argent. Oh ! un vulgaire voleur serait préférable. Tu t'es mis en vente au plus offrant ! Tu as été acheté sur le marché. Tu as menti au monde entier. Et pourtant, tu ne me mentiras pas.

SIR ROBERT CHILTERN. [*Se précipitant vers elle.*] Gertrude ! Gertrude !

LADY CHILTERN. [*Le repoussant avec les mains tendues.*] Non, ne parle pas ! Ne dis rien ! Ta voix réveille de terribles souvenirs, des souvenirs de choses qui me faisaient t'aimer, des souvenirs de paroles qui me faisaient t'aimer, des souvenirs qui sont maintenant horribles pour moi. Et comme je te vénérais ! Tu étais pour moi quelque chose d'exceptionnel dans la vie courante, quelque chose de pur, de noble, d'honnête, sans tache. Le monde me semblait plus beau parce que tu y étais, et la bonté me semblait plus réelle parce que tu existais. Et maintenant... oh, quand je pense que j'ai fait de toi l'idéal de ma vie ! l'idéal de ma vie !

SIR ROBERT CHILTERN. C'est là ton erreur. C'est là ton erreur. L'erreur que font toutes les femmes. Pourquoi les femmes ne peuvent-elles pas nous aimer, avec nos défauts et tout ? Pourquoi les femmes nous mettent-elles sur des piédestaux monstrueux ? Nous avons tous les pieds d'argile, les femmes aussi bien que les hommes ; mais quand nous, les hommes, aimons les femmes, nous les aimons en connaissant leurs faiblesses, leurs folies, leurs imperfections, nous les aimons d'autant plus peut-être pour cette raison. Ce ne sont pas les parfaits, mais les imparfaits qui ont besoin d'amour. C'est quand nous sommes blessés par nos propres mains, ou par celles des autres, que l'amour doit venir nous guérir, sinon à quoi sert l'amour ? Tous les péchés, sauf un péché contre lui-même, l'amour doit les pardonner. Toutes les vies, sauf les vies sans amour, le vrai amour doit les pardonner. L'amour d'un homme est ainsi. Il est plus large, plus vaste, plus humain que celui d'une femme. Les femmes pensent qu'elles se font des idéaux des hommes. Ce qu'elles font de nous ne sont que de faux idoles. Tu as fait de moi ton faux idole, et je n'ai pas eu le courage de descendre, de te montrer mes blessures, de te révéler mes faiblesses. J'avais peur de perdre ton amour, comme je l'ai perdu maintenant. Et ainsi, hier soir, tu as ruiné ma vie pour moi oui, tu l'as ruinée ! Ce que cette femme me demandait était peu de chose comparé à ce qu'elle m'offrait. Elle m'offrait sécurité, paix, stabilité. Le péché de ma jeunesse, que je croyais enseveli, s'est dressé devant moi, hideux, horrible, les mains sur ma gorge. Je l'aurais pu tuer pour toujours, le renvoyer dans sa tombe, détruire son dossier, brûler le seul témoin contre moi. Tu m'en as empêché. Personne d'autre que toi, tu le sais. Et maintenant, qu'est-ce qui m'attend sinon la disgrâce publique, la ruine, une honte terrible, la moquerie du monde, une vie solitaire et déshonorée, une mort sol!

[*Il quitte la pièce. LADY CHILTERN se précipite vers lui, mais la porte se referme avant qu'elle n'arrive. Pâle d'angoisse, désorientée, impuissante, elle vacille comme une plante dans l'eau. Ses mains, tendues, semblent trembler dans l'air comme des fleurs dans l'esprit. Puis elle se jette près d'un canapé et enfouit son visage. Ses sanglots ressemblent aux sanglots d'un enfant.*]

FERMETURE DU RIDEAU

TROISIÈME ACTE

Scène

La bibliothèque dans la maison de Lord Goring. Une pièce de style Adam. À droite se trouve la porte menant au hall. À gauche, la porte du fumoir. Une paire de portes pliantes à l'arrière s'ouvre sur le salon. Le feu est allumé. Phipps, le majordome, arrange quelques journaux sur le bureau. La caractéristique distinctive de Phipps est son impassibilité. Il a été qualifié par les passionnés du majordome idéal. Le Sphinx n'est pas aussi incommunicable. Il est un masque avec une attitude. De sa vie intellectuelle ou émotionnelle, l'histoire ne sait rien. Il représente la domination de la forme.

[Entre LORD GORING en tenue de soirée avec une boutonnière. Il porte un chapeau melon et un manteau Inverness. Ganté de blanc, il tient une canne Louis Seize. Il incarne toutes les coquetteries délicates de la mode. On voit qu'il est en relation immédiate avec la vie moderne, qu'il la façonne même, et qu'il la maîtrise. Il est le premier philosophe bien habillé de l'histoire de la pensée.]

LORD GORING. M'as-tu apporté ma deuxième boutonnière, Phipps? PHIPPS. Oui, monsieur. [*Prend son chapeau, sa canne et son manteau, et présente la nouvelle boutonnière sur un plateau.*]

LORD GORING. C'est assez distingué, Phipps. Je suis la seule personne de la moindre importance à Londres en ce moment qui porte une boutonnière.

PHIPPS. Oui, monsieur. J'ai remarqué cela.

LORD GORING. [*Sortant la vieille boutonnière.*] Tu vois, Phipps, la mode est ce que l'on porte soi-même. Ce qui est démodé est ce que les autres portent.

PHIPPS. Oui, monsieur.

LORD GORING. Tout comme la vulgarité est simplement le comportement des autres.

PHIPPS. Oui, monsieur.

LORD GORING. [*En mettant une nouvelle boutonnière.*] Et les mensonges sont les vérités des autres personnes.

PHIPPS. Oui, monsieur.

LORD GORING. Les autres personnes sont tout à fait affreuses. La seule société possible, c'est soi-même.

PHIPPS. Oui, monsieur.

LORD GORING. S'aimer soi-même, c'est le début d'une romance pour toute la vie, Phipps.

PHIPPS. Oui, monsieur.

LORD GORING. [*Se regardant dans le miroir.*] Je ne suis pas sûr d'aimer cette boutonnière, Phipps. Elle me donne l'air un peu trop vieux. Elle me fait presque paraître dans la fleur de l'âge, n'est-ce pas, Phipps?

PHIPPS. Je n'observe aucun changement dans l'apparence de votre Seigneurie.

LORD GORING. Vraiment, Phipps?

PHIPPS. Non, monsieur.

LORD GORING. Je n'en suis pas tout à fait sûr. À l'avenir, une boutonnière plus insignifiante, Phipps, les jeudis soirs.

PHIPPS. Je parlerai au fleuriste, monsieur. Elle a subi une perte dans sa famille récemment, ce qui explique peut-être le manque d'insignifiance dont votre Seigneurie se plaint dans la boutonnière.

LORD GORING. Chose extraordinaire à propos des classes inférieures en Angleterre... elles perdent toujours leurs proches.

PHIPPS. Oui, monsieur ! Elles sont extrêmement chanceuses à cet égard.

LORD GORING. [*Se retourne et le regarde.* PHIPPS *reste impassible.*] Hum ! Des lettres, Phipps?

PHIPPS. Trois, monsieur. [*Remet les lettres sur un plateau.*]

LORD GORING. [*Prend les lettres.*] Faites venir mon fiacre dans vingt minutes.

PHIPPS. Oui, monsieur. [*Se dirige vers la porte.*]

LORD GORING. [*Tient une lettre dans une enveloppe rose.*] Hem ! Phipps, quand cette lettre est-elle arrivée ?

PHIPPS. Elle a été apportée en main propre juste après que Votre Seigneurie soit partie au club.

LORD GORING. C'est bien. [PHIPPS *sort.*] L'écriture de Lady Chiltern sur du papier rose de Lady Chiltern. C'est plutôt curieux. Je pensais que Robert devait écrire. Je me demande ce que Lady Chiltern a à me dire ? [*S'assoit au bureau, ouvre la lettre et la lit.*] « J'ai besoin de toi. Je te fais confiance. Je viens vers toi. Gertrude. » [*Pose la lettre avec un air perplexe. Puis la reprend et la lit à nouveau lentement.*] «

J'ai besoin de toi. Je te fais confiance. Je viens vers toi. » Alors elle a tout découvert ! Pauvre femme ! Pauvre femme ! [*Tire sa montre et la regarde.*] Mais quelle heure pour venir ! Dix heures ! Je vais devoir renoncer à aller chez les Berkshires. Cependant, il est toujours agréable d'être attendu et de ne pas arriver. Je ne suis pas attendu chez les célibataires, donc j'irai certainement là-bas. Eh bien, je vais la faire se tenir aux côtés de son mari. C'est la seule chose à faire pour elle. C'est la seule chose à faire pour n'importe quelle femme. C'est la croissance du sens moral chez les femmes qui rend le mariage une institution si désespérée et unilatérale. Dix heures. Elle devrait arriver bientôt. Je dois dire à Phipps que je ne suis pas disponible pour les autres. [*Se dirige vers la sonnette*]

[PHIPPS *entre.*]

PHIPPS. Lord Caversham.

LORD GORING. Oh, pourquoi les parents apparaissent-ils toujours au mauvais moment ? Une erreur extraordinaire de la nature, je suppose. [LORD CAVERSHAM *entre.*] Ravi de vous voir, cher père. [*Va à sa rencontre.*]

LORD CAVERSHAM. Retire mon manteau.

LORD GORING. Est-ce nécessaire, père ?

LORD CAVERSHAM. Bien sûr que c'est nécessaire, monsieur. Quel est le fauteuil le plus confortable ?

LORD GORING. Celui-ci, père. C'est le fauteuil que j'utilise moi-même lorsque j'ai des visiteurs.

LORD CAVERSHAM. Merci. J'espère qu'il n'y a pas de courant d'air dans cette pièce ?

LORD GORING. Non, père.

LORD CAVERSHAM. [*S'asseyant.*] Ravi de l'apprendre. Je ne supporte pas les courants d'air. Pas de courants d'air à la maison.

LORD GORING. Beaucoup de brises, père.

LORD CAVERSHAM. Hein ? Hein ? Je ne comprends pas ce que tu veux dire. Je veux avoir une conversation sérieuse avec toi, monsieur.

LORD GORING. Mon cher père ! À cette heure-ci ?

LORD CAVERSHAM. Eh bien, monsieur, il est seulement dix heures. Quelle est votre objection à cette heure ? Je pense que c'est une heure admirable !

LORD GORING. Eh bien, en fait, père, ce n'est pas mon jour pour parler sérieusement. Je suis vraiment désolé, mais ce n'est pas mon jour.

LORD CAVERSHAM. Que voulez-vous dire, monsieur ?

LORD GORING. Pendant la saison, père, je ne parle sérieusement que le premier mardi de chaque mois, de quatre heures à sept heures.

LORD CAVERSHAM. Eh bien, faites-le mardi, monsieur, faites-le mardi.

LORD GORING. Mais il est déjà plus de sept heures, père, et mon médecin dit que je ne dois pas avoir de conversation sérieuse après sept heures. Ça me fait parler dans mon sommeil.

LORD CAVERSHAM. Parler dans ton sommeil, monsieur ? Qu'est-ce que ça importe ? Tu n'es pas marié.

LORD GORING. Non, père, je ne suis pas marié.

LORD CAVERSHAM. Hum ! C'est de cela dont je suis venu te parler, monsieur. Tu dois te marier, et tout de suite. Quand j'avais ton âge, monsieur, j'étais veuf inconsolable depuis trois mois et je faisais déjà la cour à ta mère admirable. Damme, monsieur, c'est ton devoir de te marier. Tu ne peux pas vivre éternellement pour le plaisir. Tout homme de position est marié de nos jours. Les célibataires ne sont plus à la mode. Ce sont des individus défraîchis. On en sait trop sur eux. Tu dois te trouver une femme, monsieur. Regarde où en est ton ami Robert Chiltern grâce à la probité, au travail acharné et à un mariage sensé avec une bonne femme. Pourquoi ne l'imites-tu pas, monsieur ? Pourquoi ne le prends-tu pas pour modèle ?

LORD GORING. Je pense que je le ferai, père.

LORD CAVERSHAM. Je souhaite que tu le fasses, monsieur. Alors je serais heureux. Pour l'instant, je rends la vie de ta mère misérable à cause de toi. Tu es sans cœur, monsieur, totalement sans cœur.

LORD GORING. J'espère que non, père.

LORD CAVERSHAM. Et il est grand temps que tu te maries. Tu as trente-quatre ans, monsieur.

LORD GORING. Oui, père, mais je n'en reconnais que trente-deux... trente-et-un et demi quand j'ai une boutonnière vraiment belle. Cette boutonnière n'est pas... assez banale.

LORD CAVERSHAM. Je te dis que tu as trente-quatre ans, monsieur. Et il y a un courant d'air dans ta pièce, en plus, ce qui aggrave ta conduite. Pourquoi m'as-tu dit qu'il n'y avait pas de courant d'air, monsieur ? Je sens un courant d'air, monsieur, je le sens distinctement.

LORD GORING. Moi aussi, père. C'est un courant d'air terrible. Je viendrai te voir demain, père. Nous pourrons parler de tout ce que tu veux. Permettez- moi de t'aider avec ton manteau, père.

LORD CAVERSHAM. Non, monsieur, je suis venu ce soir dans un but précis, et je vais le mener à bien, coûte que coûte pour ma santé ou la tienne. Pose mon manteau, monsieur.

LORD GORING. Certainement, père. Mais allons dans une autre pièce. [*Sonne la cloche.*] Il y a un courant d'air terrible ici. [*Entre* PHIPPS.] Phipps, y a-t-il un bon feu dans la salle de fumeurs ?

PHIPPS. Oui, monsieur.

LORD GORING. Allons là-bas, père. Tes éternuements sont tout à fait déchirants.

LORD CAVERSHAM. Eh bien, monsieur, je suppose que j'ai le droit d'éternuer quand je le veux ?

LORD GORING. [*D'une manière apaisante.*] Tout à fait, père. J'exprimais simplement de la sympathie.

LORD CAVERSHAM. Oh, zut la sympathie. Il y en a beaucoup trop de ce genre de choses de nos jours.

LORD GORING. Je suis tout à fait d'accord avec vous, père. S'il y avait moins de sympathie dans le monde, il y aurait moins de problèmes dans le monde.

LORD CAVERSHAM. [*Se dirigeant vers la salle de fumeurs.*] C'est un paradoxe, monsieur. Je déteste les paradoxes.

LORD GORING. Moi aussi, père. Tout le monde qu'on rencontre est un paradoxe de nos jours. C'est très ennuyeux. Cela rend la société si évidente.

LORD CAVERSHAM. [*Se retournant et regardant son fils sous ses sourcils broussailleux.*] Comprenez-vous toujours vraiment ce que vous dites, monsieur ?

LORD GORING. [*Après une hésitation.*] Oui, père, si j'écoute attentivement.

LORD CAVERSHAM. [*Indigné.*] Si vous écoutez attentivement ! ... Jeune chiot présomptueux !

[*S'en va en grommelant dans la salle de fumeurs. PHIPPS entre.*]

LORD GORING. Phipps, une dame vient me voir ce soir pour une affaire particulière. Conduisez-la dans le salon lorsqu'elle arrivera. Vous comprenez ?

PHIPPS. Oui, monsieur.

LORD GORING. C'est une question de la plus haute importance, Phipps.

PHIPPS. Je comprends, monsieur.

LORD GORING. Personne d'autre ne doit être admis, en aucune circonstance.

PHIPPS. Je comprends, monsieur. [*La cloche sonne.*]

LORD GORING. Ah ! C'est probablement la dame. Je vais la voir moi-même.

[*Tout en se dirigeant vers la porte, LORD CAVERSHAM entre de la salle de fumeurs.*]

LORD CAVERSHAM. Eh bien, monsieur ? Dois-je attendre à votre service ?

LORD GORING. [*Considérablement perplexe.*] Un instant, père. Excusez-moi. [LORD CAVERSHAM *recule.*] Eh bien, rappelez-vous mes instructions, Phipps dans cette pièce.

PHIPPS. Oui, monsieur.

[LORD GORING *entre dans la salle de fumeurs.* HAROLD, *le valet, fait entrer* MRS. CHEVELEY. *Telle une lamie, elle porte une robe verte et argent. Elle a un manteau de satin noir, doublé de soie couleur pétale de rose fanée.*]

HAROLD. Quel nom, madame ?

MRS. CHEVELEY. [*À* PHIPPS, *qui s'approche d'elle.*] Lord Goring n'est-il pas ici ? On m'a dit qu'il était à la maison.

PHIPPS. Son seigneurie est actuellement occupée avec Lord Caversham, madame.

[*Lance un regard froid et vitreux à* HAROLD, *qui se retire immédiatement.*]

MRS. CHEVELEY. [*À elle-même.*] Comme c'est filial !

PHIPPS. Son seigneurie m'a demandé de vous demander, madame, de bien vouloir attendre dans le salon. Son seigneurie viendra vous voir là-bas.

MRS. CHEVELEY. [*Avec un air de surprise.*] Lord Goring m'attend ?

PHIPPS. Oui, madame.

MRS. CHEVELEY. Êtes-vous tout à fait sûr ?

PHIPPS. Son seigneurie m'a dit que si une dame se présentait, je devais lui demander d'attendre dans le salon. [*Se dirige vers la porte du salon et l'ouvre.*] Les instructions de son seigneurie à ce sujet étaient très précises.

MRS. CHEVELEY. [*À elle-même.*] Comme il est prévoyant ! S'attendre à l'inattendu montre un esprit tout à fait moderne. [*Se dirige vers le salon et regarde à l'intérieur.*] Ouah ! Comme un salon de célibataire est triste. Il faudra que je change tout cela. [PHIPPS *apporte la lampe de la table de travail.*] Non, je n'aime pas cette lampe. Elle est bien trop éblouissante. Allumez des bougies.

PHIPPS. [*Replace la lampe.*] Certainement, madame.

MRS. CHEVELEY. J'espère que les bougies ont des abat-jour flatteurs.

PHIPPS. Jusqu'à présent, madame, nous n'avons reçu aucune plainte à leur sujet.

[*Pénètre dans le salon et commence à allumer les bougies.*]

MRS. CHEVELEY. [*À elle-même.*] Je me demande quelle femme il attend ce soir. Ce sera délicieux de le prendre sur le fait. Les hommes ont toujours l'air si stupides lorsqu'ils sont pris en flagrant délit. Et ils se font toujours prendre. [*Regarde autour de la pièce et s'approche du bureau.*] Quelle pièce intéressante ! Quel tableau intéressant ! Je me demande à quoi ressemble sa correspondance. [*Prend les lettres.*] Oh, quelle correspondance ennuyeuse ! Des factures et des cartes, des dettes et des douairières ! Qui diable lui écrit sur du papier rose ? Quelle bêtise d'écrire sur du papier rose ! Cela ressemble au début d'une romance de classe moyenne. La romance ne devrait jamais commencer par le sentiment. Elle devrait commencer par la science et se terminer par un arrangement. [*Repose la lettre, puis la reprend.*] Je connais cette écriture. C'est celle de Gertrude Chiltern. Je m'en souviens parfaitement. Les dix commandements dans chaque trait de plume et la loi morale sur toute la page. Je me demande ce que Gertrude lui écrit. Quelque chose d'horrible à mon sujet, je suppose. Comme je déteste cette femme ! [*La lit.*] 'Je te fais confiance.

J'ai besoin de toi. Je viens vers toi. Gertrude.' 'Je te fais confiance. J'ai besoin de toi. Je viens vers toi.'

[*Un air de triomphe se dessine sur son visage. Elle est sur le point de voler la lettre lorsque* PHIPPS *entre.*]

PHIPPS. Les bougies dans le salon sont allumées, madame, comme vous l'avez demandé.

MRS. CHEVELEY. Merci. [*Se lève précipitamment et glisse la lettre sous un gros porte-plume en argent posé sur la table.*]

PHIPPS. J'espère que les abat-jour vous conviendront, madame. Ce sont les plus flatteurs que nous ayons. Ils sont identiques à ceux que son seigneurie utilise lui-même lorsqu'il se prépare pour le dîner.

MRS. CHEVELEY. [*Avec un sourire.*] Alors je suis sûre qu'ils seront parfaitement appropriés.

PHIPPS. [*Gravement.*] Merci, madame.

[MRS. CHEVELEY *entre dans le salon.* PHIPPS *ferme la porte et se retire. La porte s'ouvre alors lentement, et* MRS. CHEVELEY *sort et s'approche furtivement du bureau. Soudain, des voix se font entendre depuis le fumoir.* MRS. CHEVELEY *pâlit et s'arrête. Les voix deviennent plus fortes, et elle retourne dans le salon, se mordant la lèvre.*]

[*Entrent* LORD GORING *et* LORD CAVERSHAM.]

LORD GORING. [*Explicant.*] Mon cher père, si je dois me marier, vous me permettrez sûrement de choisir le moment, le lieu et la personne ? Surtout la personne.

LORD CAVERSHAM. [*Irrité.*] C'est une affaire qui me concerne, monsieur. Vous feriez probablement un très mauvais choix. C'est à moi qu'on devrait demander conseil, pas à vous. Il y a des biens en jeu. Ce n'est pas une affaire d'affection. L'affection vient plus tard dans la vie conjugale.

LORD GORING. Oui. Dans la vie conjugale, l'affection naît quand les gens se détestent profondément, n'est-ce pas, père ? [*Lui passe son manteau.*]

LORD CAVERSHAM. Certainement, monsieur. Je veux dire certainement pas, jeune homme. Vous dites des choses très folles ce soir. Ce que je dis, c'est que le mariage relève du bon sens.

LORD GORING. Mais les femmes qui ont du bon sens sont curieusement quelconques, n'est-ce pas, père ? Bien sûr, je parle seulement par ouï-dire.

LORD CAVERSHAM. Aucune femme, belle ou laide, n'a le moindre bon sens, monsieur. Le bon sens est le privilège de notre sexe.

LORD GORING. Tout à fait. Et nous, les hommes, sommes si désintéressés que nous ne l'utilisons jamais, n'est-ce pas, père ?

LORD CAVERSHAM. Je l'utilise, monsieur. Je n'utilise rien d'autre.

LORD GORING. C'est ce que ma mère me dit.

LORD CAVERSHAM. C'est le secret du bonheur de votre mère. Vous êtes très insensible, monsieur, très insensible.

LORD GORING. J'espère que non, père. [*S'en va un instant. Puis revient, l'air plutôt contrarié, avec* SIR ROBERT CHILTERN.]

SIR ROBERT CHILTERN. Mon cher Arthur, quelle chance de te rencontrer sur le seuil ! Ton domestique venait de me dire que tu n'étais pas là. C'est extraordinaire !

LORD GORING. En fait, je suis affreusement occupé ce soir, Robert, et j'ai donné l'ordre de dire que je n'étais pas là pour personne. Même mon père a eu un accueil relativement froid. Il s'est plaint d'un courant d'air tout le temps.

SIR ROBERT CHILTERN. Ah ! tu dois être chez toi pour moi, Arthur. Tu es mon meilleur ami. Peut-être que demain, tu seras mon seul ami. Ma femme a tout découvert.

LORD GORING. Ah ! Je m'en doutais !

SIR ROBERT CHILTERN. [*Le regardant.*] Vraiment ? Comment ?

LORD GORING. [*Après une hésitation.*] Oh, simplement par quelque chose dans l'expression de ton visage en entrant. Qui lui a dit ?

SIR ROBERT CHILTERN. Mrs. Cheveley elle-même. Et la femme que j'aime sait que j'ai commencé ma carrière par un acte de bassesse, que j'ai bâti ma vie sur des sables de honte, que j'ai vendu, comme un vulgaire marchand, le secret qui m'avait été confié en tant qu'homme d'honneur. Je remercie le ciel que le pauvre Lord Radley soit mort sans savoir que je l'ai trahi. Que Dieu m'emporte avant d'avoir été si horriblement tenté, ou d'avoir sombré aussi bas. [*Enfouissant son visage dans ses mains.*]

LORD GORING. [Après une pause.] Tu n'as rien reçu de Vienne encore, en réponse à ton télégramme ?

SIR ROBERT CHILTERN. [*Levant les yeux.*] Si ; j'ai reçu un télégramme du premier secrétaire à huit heures ce soir.

LORD GORING. Eh bien ?

SIR ROBERT CHILTERN. Rien n'est absolument connu contre elle. Au contraire, elle occupe une position plutôt élevée dans la société. C'est une sorte de secret de polichinelle que le baron Arnheim lui a légué la plus grande partie de sa fortune immense. Au-delà de cela, je ne peux rien apprendre.

LORD GORING. Elle ne se révèle donc pas être une espionne ?

SIR ROBERT CHILTERN. Oh ! Les espions ne servent plus à rien de nos jours. Leur profession est révolue. Les journaux font leur travail à leur place.

LORD GORING. Et ils le font formidablement bien.

SIR ROBERT CHILTERN. Arthur, j'ai une soif de loup. Puis-je sonner pour quelque chose ? Du hock et de l'eau gazeuse ?

LORD GORING. Bien sûr. Permettez-moi. [*Sonne la cloche.*]

SIR ROBERT CHILTERN. Merci ! Je ne sais que faire, Arthur, je ne sais que faire, et tu es mon seul ami. Mais quel ami tu es – le seul ami en qui je peux avoir confiance. Je peux te faire une confiance absolue, n'est-ce pas ?

[*Entre* PHIPPS.]

LORD GORING. Mon cher Robert, bien sûr. Oh ! [*À* PHIPPS.] Apportez du hock et de l'eau gazeuse.

PHIPPS. Oui, monsieur.

LORD GORING. Et Phipps !

PHIPPS. Oui, monsieur.

LORD GORING. Excusez-moi un instant, Robert. Je veux donner quelques instructions à mon serviteur.

SIR ROBERT CHILTERN. Certainement.

LORD GORING. Lorsque cette dame se présentera, dites-lui que je ne suis pas attendu chez moi ce soir. Dites-lui que j'ai été appelé soudainement hors de la ville. Vous comprenez ?

PHIPPS. La dame se trouve dans cette pièce, monsieur. Vous m'avez dit de la conduire dans cette pièce, monsieur.

LORD GORING. Vous avez fait parfaitement bien. [PHIPPS *sort.*] Quelle situation embarrassante. Non, je pense que je m'en sortirai. Je lui ferai une leçon à travers la porte. C'est tout de même difficile à gérer.

SIR ROBERT CHILTERN. Arthur, dis-moi ce que je devrais faire. Ma vie semble s'effondrer autour de moi. Je suis un navire sans gouvernail dans une nuit sans étoiles.

LORD GORING. Robert, tu aimes ta femme, n'est-ce pas ?

SIR ROBERT CHILTERN. Je l'aime plus que tout au monde. Je pensais autrefois que l'ambition était la grande chose. Ce n'est pas vrai. L'amour est la grande chose dans le monde. Il n'y a rien d'autre que l'amour, et je l'aime. Mais je suis diffamé à ses yeux. Je suis ignoble à ses yeux. Il y a un grand fossé qui nous sépare maintenant. Elle m'a découvert, Arthur, elle m'a découvert.

LORD GORING. N'a-t-elle jamais commis une folie - une indiscrétion - dans sa vie, pour qu'elle ne pardonne pas ton péché ?

SIR ROBERT CHILTERN. Ma femme ! Jamais ! Elle ne sait pas ce qu'est la faiblesse ou la tentation. Je suis fait d'argile comme les autres hommes. Elle se tient à part comme le font les femmes bienveillantes - impitoyable dans sa perfection - froide et sévère, sans pitié. Mais je l'aime, Arthur. Nous sommes sans enfants, et je n'ai personne d'autre à aimer, personne d'autre pour m'aimer. Peut-être si Dieu nous avait envoyé des enfants, elle aurait été plus indulgente envers moi. Mais Dieu nous a donné une maison solitaire. Et elle a déchiré mon cœur en deux. Ne parlons pas de ça. J'ai été brutal avec elle ce soir. Mais je suppose que lorsque les pécheurs parlent aux saints, ils sont toujours brutaux. Je lui ai dit des choses qui étaient affreusement vraies, de mon côté, de mon point de vue, du point de vue des hommes. Mais ne parlons pas de ça.

LORD GORING. Ta femme te pardonnera. Peut-être qu'en ce moment même, elle te pardonne. Elle t'aime, Robert. Pourquoi ne te pardonnerait-elle pas ?

SIR ROBERT CHILTERN. Que Dieu le veuille ! Que Dieu le veuille ! [*Il cache son visage dans ses mains.*] Mais il y a quelque chose d'autre que je dois te dire, Arthur.

[PHIPPS entre avec les boissons.]

PHIPPS. [*Donne du hock et de l'eau gazeuse à* SIR ROBERT CHILTERN.] Hock et eau gazeuse, monsieur.

SIR ROBERT CHILTERN. Merci.

LORD GORING. Est-ce que votre voiture est là, Robert ?

SIR ROBERT CHILTERN. Non, je suis venu à pied depuis le club.

LORD GORING. Sir Robert prendra mon taxi, Phipps.

PHIPPS. Oui, monsieur. [*Sort.*]

LORD GORING. Robert, cela ne te dérange pas si je t'envoie partir ?

SIR ROBERT CHILTERN. Arthur, laisse-moi rester encore cinq minutes. J'ai pris ma décision sur ce que je vais faire ce soir à la Chambre. Le débat sur le Canal Argentin doit commencer à onze heures. [*Une chaise tombe dans le salon.*] Qu'est-ce que c'est ?

LORD GORING. Rien.

SIR ROBERT CHILTERN. J'ai entendu une chaise tomber dans la pièce à côté. Quelqu'un a écouté.

LORD GORING. Non, non, il n'y a personne.

SIR ROBERT CHILTERN. Il y a quelqu'un. Il y a de la lumière dans la pièce, et la porte est entrouverte. Quelqu'un a écouté tous les secrets de ma vie. Arthur, qu'est-ce que cela signifie ?

LORD GORING. Robert, tu es excité, troublé. Je te dis qu'il n'y a personne dans cette pièce. Assieds-toi, Robert.

SIR ROBERT CHILTERN. Me donnes-tu ta parole qu'il n'y a personne là-bas ?

LORD GORING. Oui.

SIR ROBERT CHILTERN. Ta parole d'honneur ? [*Il s'assied.*]

LORD GORING. Oui.

SIR ROBERT CHILTERN. [*Se lève.*] Arthur, laisse-moi voir par moi-même.

LORD GORING. Non, non.

SIR ROBERT CHILTERN. S'il n'y a personne là-bas, pourquoi ne devrais-je pas regarder dans cette pièce ? Arthur, tu dois me laisser entrer dans cette pièce et me rassurer. Laisse-moi savoir si un indiscret a entendu le secret de ma vie. Arthur, tu ne réalises pas ce que je traverse.

LORD GORING. Robert, cela doit s'arrêter. Je t'ai dit qu'il n'y a personne dans cette pièce, cela suffit.

SIR ROBERT CHILTERN. [*Se précipite vers la porte de la pièce.*] Ce n'est pas suffisant. J'insiste pour entrer dans cette pièce. Tu m'as dit qu'il n'y a personne là-bas, alors pourquoi me refuses-tu ?

LORD GORING. Pour l'amour de Dieu, non ! Il y a quelqu'un là-bas. Quelqu'un que tu ne dois pas voir.

SIR ROBERT CHILTERN. Ah, je le savais !

LORD GORING. Je t'interdis d'entrer dans cette pièce.

SIR ROBERT CHILTERN. Laisse-moi passer. Ma vie est en jeu. Peu m'importe qui est là. Je veux savoir qui a entendu mon secret et ma honte. [*Entre dans la pièce.*]

LORD GORING. Mon Dieu ! Sa propre femme !

[SIR ROBERT CHILTERN *revient, le visage empreint de mépris et de colère.*]

SIR ROBERT CHILTERN. Quelle explication peux-tu me donner pour la présence de cette femme ici ?

LORD GORING. Robert, je te jure sur mon honneur que cette dame est innocente et sans faute envers toi.

SIR ROBERT CHILTERN. C'est une chose vile, infâme !

LORD GORING. Ne dis pas ça, Robert ! Elle est venue ici pour ton bien. Elle est venue ici pour essayer de te sauver. Elle t'aime, et personne d'autre.

SIR ROBERT CHILTERN. Tu es fou. Qu'ai-je à voir avec ses intrigues avec toi ? Laisse-la être ta maîtresse ! Vous êtes bien assortis. Elle, corrompue et honteuse - toi, faux en tant qu'ami, traître en tant qu'ennemi même -

LORD GORING. Ce n'est pas vrai, Robert. Devant le ciel, ce n'est pas vrai. En sa présence et en la tienne, je t'expliquerai tout.

SIR ROBERT CHILTERN. Laisse-moi passer, monsieur. Tu as menti suffisamment sur ton honneur.

[SIR ROBERT CHILTERN *sort.* LORD GORING *se précipite vers la porte du salon, quand* MME CHEVELEY *en sort, rayonnante et très amusée.*]

MME CHEVELEY. [*Avec une révérence moqueuse.*] Bonsoir, Lord Goring !

LORD GORING. Madame Cheveley ! Mon Dieu !... Puis-je demander ce que vous faisiez dans mon salon ?

MME CHEVELEY. J'écoutais simplement. J'ai une passion folle pour écouter par le trou de la serrure. On y entend toujours des choses merveilleuses.

LORD GORING. Cela ne ressemble-t-il pas plutôt à tenter le destin ?

MME CHEVELEY. Oh ! à ce stade, le destin peut résister à la tentation. [*Lui fait signe de lui enlever son manteau, ce qu'il fait.*]

LORD GORING. Je suis content que vous soyez venue. Je vais vous donner de bons conseils.

MME CHEVELEY. Oh ! je vous en prie, ne le faites pas. On ne devrait jamais donner à une femme quelque chose qu'elle ne peut pas porter le soir.

LORD GORING. Je vois que vous êtes tout aussi volontaire qu'avant.

MME CHEVELEY. Bien plus ! J'ai beaucoup progressé. J'ai eu plus d'expérience.

LORD GORING. Trop d'expérience est une chose dangereuse. S'il vous plaît, prenez une cigarette. La moitié des jolies femmes de Londres fument des cigarettes. Personnellement, je préfère l'autre moitié.

MME CHEVELEY. Merci. Je ne fume jamais. Ma couturière n'aimerait pas ça, et le devoir d'une femme est avant tout envers sa couturière, n'est-ce pas ? Personne n'a encore découvert quel est le deuxième devoir.

LORD GORING. Vous êtes venue ici pour me vendre la lettre de Robert Chiltern, n'est-ce pas ?

MME CHEVELEY. Pour vous l'offrir sous certaines conditions. Comment avez-vous deviné ?

LORD GORING. Parce que vous n'avez pas mentionné le sujet. L'avez-vous avec vous ?

MME CHEVELEY. [*S'asseyant.*] Oh non ! Une robe bien faite n'a pas de poches.

LORD GORING. Quel est votre prix ?

MME CHEVELEY. Comme vous êtes absurdement anglais ! Les Anglais pensent qu'un carnet de chèques peut résoudre tous les problèmes de la vie. Eh bien, cher Arthur, j'ai beaucoup plus d'argent que vous, et autant que Robert Chiltern a pu amasser. L'argent n'est pas ce que je veux.

LORD GORING. Alors que voulez-vous, Mme Cheveley ?

MME CHEVELEY. Pourquoi ne m'appelez-vous pas Laura ?

LORD GORING. Je n'aime pas ce nom.

MME CHEVELEY. Vous l'adoriez autrefois.

LORD GORING. Oui : c'est pourquoi. [MME CHEVELEY *lui fait signe de s'asseoir à côté d'elle. Il sourit et le fait.*]

MME CHEVELEY. Arthur, tu m'as aimée autrefois.

LORD GORING. Oui.

MME CHEVELEY. Et tu m'as demandé en mariage.

LORD GORING. C'était le résultat naturel de mon amour pour toi.

MME CHEVELEY. Et tu m'as abandonnée parce que tu as vu, ou prétendu voir, le pauvre vieux Lord Mortlake essayer de me faire une violente flatterie dans la serre à Tenby.

LORD GORING. J'ai l'impression que mon avocat a réglé cette affaire avec vous, selon des conditions ... dictées par vous-même.

MME CHEVELEY. À cette époque, j'étais pauvre ; vous étiez riche.

LORD GORING. Tout à fait. C'est pourquoi vous avez prétendu m'aimer.

MME CHEVELEY. [*Haussant les épaules.*] Pauvre vieux Lord Mortlake, qui n'avait que deux sujets de conversation, sa goutte et sa femme ! Je n'ai jamais pu comprendre de quoi il parlait réellement. Il employait un langage horrible pour parler des deux. Eh bien, tu étais stupide, Arthur. Lord Mortlake n'a jamais été pour moi qu'un divertissement. Un de ces divertissements complètement ennuyeux que l'on ne trouve que dans une maison de campagne anglaise, un dimanche anglais. Je ne pense pas que quiconque soit moralement responsable de ce qu'il fait dans une maison de campagne anglaise.

LORD GORING. Oui. Je sais que beaucoup de gens pensent cela.

MME CHEVELEY. Je t'aimais, Arthur.

LORD GORING. Ma chère Mme Cheveley, tu as toujours été beaucoup trop intelligente pour comprendre quoi que ce soit à l'amour.

MME CHEVELEY. Je t'aimais. Et tu m'aimais. Tu sais que tu m'aimais ; et l'amour est une chose très merveilleuse. Je suppose que lorsqu'un homme a aimé une femme une fois, il fera tout pour elle, sauf continuer à l'aimer ? [*Met sa main sur la sienne.*]

LORD GORING. [*Retirant doucement sa main.*] Oui : sauf ça.

MME CHEVELEY. [*Après une pause.*] Je suis fatiguée de vivre à l'étranger. Je veux revenir à Londres. Je veux avoir une charmante maison ici. Je veux avoir un salon. Si seulement on pouvait apprendre aux Anglais à parler, et aux Irlandais à écouter, la société ici serait tout à fait civilisée. De plus, j'en suis arrivée au stade romantique. Quand je t'ai vu hier soir chez les Chiltern, j'ai su que tu étais la seule personne pour qui j'avais jamais eu de l'affection, si j'en ai jamais eu pour quelqu'un, Arthur. Et donc, le matin du jour où tu m'épouseras, je te donnerai la lettre de Robert Chiltern. C'est mon offre. Je vais te la donner maintenant, si tu promets de m'épouser.

LORD GORING. Maintenant ?

MME CHEVELEY. [*Souriant.*] Demain.

LORD GORING. Es-tu réellement sérieuse ?

MME CHEVELEY. Oui, tout à fait sérieuse.

LORD GORING. Je serais un très mauvais mari pour toi.

MME CHEVELEY. Les mauvais maris ne me dérangent pas. J'en ai eu deux. Ils m'ont beaucoup amusée.

LORD GORING. Tu veux dire que tu t'es amusée toi-même, n'est-ce pas ?

MME CHEVELEY. Que sais-tu de ma vie de couple ?

LORD GORING. Rien : mais je peux la lire comme un livre.

MME CHEVELEY. Quel livre ?

LORD GORING. [*Se levant.*] Le Livre des Nombres.

MME CHEVELEY. Tu trouves charmant d'être si impoli envers une femme dans ta propre maison ?

LORD GORING. Dans le cas des femmes très fascinantes, le sexe est un défi, pas une défense.

MME CHEVELEY. Je suppose que cela est censé être un compliment. Mon cher Arthur, les femmes ne se désarment jamais avec des compliments. Les hommes, si. C'est là la différence entre les deux sexes.

LORD GORING. Les femmes ne se désarment jamais avec quoi que ce soit, pour autant que je les connaisse.

MME CHEVELEY. [*Après une pause.*] Alors tu vas laisser ton meilleur ami, Robert Chiltern, être ruiné plutôt que d'épouser quelqu'un qui a encore de considérables attraits. Je pensais que tu aurais atteint une grande hauteur de sacrifice personnel, Arthur. Je pense que tu devrais le faire. Et le reste de ta vie, tu pourrais la passer à contempler tes propres perfections.

LORD GORING. Oh ! Je le fais déjà. Et le sacrifice de soi est quelque chose qui devrait être réprimé par la loi. C'est si démoralisant pour les gens pour lesquels on se sacrifie. Ils finissent toujours par se corrompre.

MME CHEVELEY. Comme si quoi que ce soit pouvait démoraliser Robert Chiltern ! Tu sembles oublier que je connais sa véritable nature.

LORD GORING. Ce que tu sais de lui n'est pas sa véritable nature. C'était un acte de folie commis dans sa jeunesse, déshonorant, j'en conviens, honteux, j'en conviens, indigne de lui, j'en conviens, et donc... pas sa véritable nature.

MME CHEVELEY. Comme vous, les hommes, vous défendez les uns les autres !

LORD GORING. Comme vous, les femmes, vous vous faites la guerre les unes les autres !

MME CHEVELEY. [*Amèrement.*] Je ne me fais la guerre qu'à une seule femme, à Gertrude Chiltern. Je la déteste. Je la déteste maintenant plus que jamais.

LORD GORING. Parce que tu as introduit une véritable tragédie dans sa vie, je suppose.

MME CHEVELEY. [*Avec un sourire méprisant.*] Oh, il n'y a qu'une seule véritable tragédie dans la vie d'une femme. Le fait que son passé est toujours son amant et son futur sera invariablement son mari.

LORD GORING. Lady Chiltern ne sait rien du genre de vie auquel tu fais allusion.

MME CHEVELEY. Une femme dont la taille de gants est sept et trois-quarts ne sait jamais grand-chose de rien. Tu sais que Gertrude a toujours porté du sept et trois-quarts ? C'est l'une des raisons pour lesquelles il n'y avait jamais eu de sympathie morale entre nous... Eh bien, Arthur, je suppose que cette entrevue romantique peut être considérée comme terminée. Tu admets que c'était romantique, n'est-ce pas ? J'étais prête à renoncer à un grand prix, l'apogée de ma carrière diplomatique, pour avoir le privilège d'être ta femme. Tu refuses. Très bien. Si Sir Robert ne soutient pas mon projet argentin, je le dénoncerai. Voilà tout.

LORD GORING. Tu ne dois pas faire ça. Ce serait vilain, horrible, infâme.

MME CHEVELEY. [*Haussant les épaules.*] Oh ! n'emploie pas de grands mots. Ils signifient si peu. C'est une transaction commerciale. C'est tout. Il n'y a pas lieu de mélanger des sentiments là-dedans. J'ai proposé à Robert Chiltern de lui vendre quelque chose. S'il refuse de me payer le prix, il devra payer un prix plus élevé au monde. Il n'y a rien d'autre à dire. Je dois partir. Au revoir. Ne veux-tu pas me serrer la main ?

LORD GORING. Avec toi ? Non. Ta transaction avec Robert Chiltern peut passer pour une transaction commerciale répugnante d'une époque commerciale répugnante ; mais tu sembles avoir oublié que tu es venue ici ce soir pour parler d'amour, toi dont les lèvres ont profané le mot amour, toi pour qui cette chose est un livre fermé, qui es allée cet après-midi chez l'une des femmes les plus nobles et douces du monde pour dégrader son mari à ses yeux, pour essayer de tuer son amour pour lui, pour mettre du poison dans son cœur et de l'amertume dans sa vie, pour briser son idole et, peut-être, gâcher son âme. Ça, je ne peux pas te le pardonner. C'était horrible. Pour cela, il ne peut y avoir de pardon.

MME CHEVELEY. Arthur, tu es injuste envers moi. Crois-moi, tu es tout à fait injuste envers moi. Je ne suis pas allée provoquer Gertrude du tout. Je n'avais aucune intention de faire quoi que ce soit de ce genre en entrant. Je suis venue avec Lady Markby simplement pour demander si un ornement, un bijou que j'ai perdu quelque part hier soir, avait été retrouvé chez les Chiltern. Si tu ne me crois pas, tu peux demander à Lady Markby. Elle te dira que c'est vrai. La scène qui s'est produite a eu lieu après le départ de Lady Markby et a été réellement provoquée par l'impolitesse et les railleries de Gertrude. Je suis venue, oh !... un peu par malice, si tu veux, mais vraiment pour demander si on avait retrouvé une broche en diamant à moi. C'est l'origine de toute cette histoire.

LORD GORING. Une broche en forme de serpent avec un rubis ?

MME CHEVELEY. Oui. Comment le sais-tu ?

LORD GORING. Parce qu'elle a été retrouvée. En fait, je l'ai trouvée moi-même et j'ai bêtement oublié d'en parler au majordome en partant. [*Se dirige vers le bureau et ouvre les tiroirs.*] Elle est dans ce tiroir. Non, celui-là. C'est cette broche, n'est-ce pas ? [*Tient la broche en l'air.*]

MME CHEVELEY. Oui. Je suis si contente de l'avoir récupérée. C'était... un cadeau.

LORD GORING. Ne veux-tu pas la porter ?

MME CHEVELEY. Certainement, si tu la fixes. [LORD GORING *l'attache soudain à son bras.*] Pourquoi la mets-tu en bracelet ? Je ne savais pas qu'elle pouvait être portée comme un bracelet.

LORD GORING. Vraiment ?

MME CHEVELEY. [*Tendant son beau bras.*] Non, mais elle me va très bien en bracelet, n'est-ce pas ?

LORD GORING. Oui, bien mieux que lorsque je l'ai vue la dernière fois.

MME CHEVELEY. Quand l'as-tu vue pour la dernière fois ?

LORD GORING. [*Calme.*] Oh, il y a dix ans, sur Lady Berkshire, que tu as volée.

MME CHEVELEY. [*Sursautant.*] Que veux-tu dire ?

LORD GORING. Je veux dire que tu as volé cet ornement à ma cousine, Mary Berkshire, à qui je l'ai donné lorsqu'elle s'est mariée. Les soupçons ont pesé sur un misérable serviteur, qui a été renvoyé dans le déshonneur. Je l'ai reconnu hier soir. J'ai décidé de ne rien dire tant que je n'aurais pas trouvé le voleur. Je l'ai trouvé maintenant, et j'ai entendu sa propre confession.

MME CHEVELEY. [*En secouant la tête.*] Ce n'est pas vrai.

LORD GORING. Tu sais que c'est vrai. En ce moment même, le mot "voleuse" est écrit sur ton visage.

MME CHEVELEY. Je nierai toute l'affaire du début à la fin. Je dirai que je n'ai jamais vu cette chose misérable, qu'elle n'a jamais été en ma possession.

[MME CHEVELEY *essaie de retirer le bracelet de son bras, mais échoue.* LORD GORING *regarde amusé. Ses doigts fins se déchirent sur le bijou sans succès. Une malédiction lui échappe.*]

LORD GORING. Le désavantage de voler quelque chose, Mme Cheveley, c'est qu'on ne sait jamais à quel point la chose que l'on vole est merveilleuse. Tu ne peux pas enlever ce bracelet, à moins de savoir où se trouve le fermoir. Et je vois que tu ne sais pas où se trouve le fermoir. C'est plutôt difficile à trouver.

MME CHEVELEY. Espèce de brute ! Lâche ! [*Elle essaie à nouveau de défaire le bracelet, mais échoue.*]

LORD GORING. Oh ! n'utilise pas de grands mots. Ils signifient si peu.

MME CHEVELEY. [*Déchire à nouveau le bracelet dans une paroxysme de rage, avec des sons inarticulés. Puis s'arrête et regarde* LORD GORING.] Que comptes-tu faire ?

LORD GORING. Je vais sonner mon domestique. C'est un serviteur admirable. Il arrive toujours au moment où l'on sonne pour lui. Quand il arrivera, je lui dirai de chercher la police.

MME CHEVELEY. [*Tremblante.*] La police ? Pourquoi ?

LORD GORING. Demain, les Berkshire te poursuivront en justice. C'est pour cela que la police existe.

MME CHEVELEY. [*Maintenant en proie à une terreur physique. Son visage est déformé. Sa bouche est tordue. Un masque est tombé. Elle est, pour le moment, affreuse à regarder.*] Ne fais pas ça. Je ferai tout ce que tu veux. Tout ce que tu veux, je te le promets.

LORD GORING. Donne-moi la lettre de Robert Chiltern.

MME CHEVELEY. Arrête ! Arrête ! Laisse-moi le temps de réfléchir.

LORD GORING. Donne-moi la lettre de Robert Chiltern.

MME CHEVELEY. Je ne l'ai pas avec moi. Je te la donnerai demain.

LORD GORING. Tu sais que tu mens. Donne-la-moi tout de suite. [MME CHEVELEY *sort la lettre et la lui remet. Elle est horriblement pâle.*] C'est celle-ci ?

MME CHEVELEY. [*D'une voix rauque.*] Oui.

LORD GORING. [*Prend la lettre, l'examine, soupire et la brûle avec la lampe.*] Pour une femme aussi bien habillée, Mrs. Cheveley, tu as des moments d'un bon sens admirable. Je te félicite.

MME CHEVELEY. [*Aperçoit la lettre de* LADY CHILTERN, *dont la couverture dépasse à peine du bloc-notes.*] S'il vous plaît, apportez-moi un verre d'eau.

LORD GORING. Bien sûr. [*Se rend dans le coin de la pièce et verse un verre d'eau. Pendant qu'il a le dos tourné,* MME CHEVELEY *vole la lettre de* LADY CHILTERN. *Quand* LORD GORING *revient avec le verre, elle le refuse d'un geste.*]

MME CHEVELEY. Merci. Pouvez-vous m'aider à enfiler mon manteau ?

LORD GORING. Avec plaisir. [*Lui met son manteau.*]

MME CHEVELEY. Merci. Je ne chercherai plus jamais à nuire à Robert Chiltern.

LORD GORING. Heureusement, tu n'en as plus la possibilité, Mrs. Cheveley.

MME CHEVELEY. Eh bien, même si j'en avais l'occasion, je ne le ferais pas. Au contraire, je vais lui rendre un grand service.

LORD GORING. Je suis ravi de l'entendre. C'est une réforme.

MME CHEVELEY. Oui. Je ne supporte pas qu'un homme aussi intègre, un gentleman anglais aussi honorable, soit honteusement trompé, et ainsi de –
LORD GORING. Et ainsi de quoi ?

MME CHEVELEY. Je constate que d'une manière ou d'une autre, le discours de mort et les aveux de Gertrude Chiltern ont atterri dans ma poche.

LORD GORING. Que voulez-vous dire ?

MME CHEVELEY. [*Avec une note de triomphe amère dans sa voix.*] Je veux dire que je vais envoyer à Robert Chiltern la lettre d'amour que sa femme a écrite pour vous ce soir.

LORD GORING. Lettre d'amour ?

MME CHEVELEY. [*Riant.*] « Je te veux. Je te fais confiance. Je viens vers toi. Gertrude ».

[LORD GORING *se précipite vers le bureau, prend l'enveloppe, la trouve vide, puis se retourne.*]

LORD GORING. Misérable femme, devez-vous toujours voler ? Rendez-moi cette lettre. Je vais vous l'arracher de force. Vous ne quitterez pas ma chambre avant que je l'aie récupérée.

[*Il se précipite vers elle, mais* MME CHEVELEY *met immédiatement la main sur la sonnette électrique qui se trouve sur la table. La sonnette retentit avec des réverbérations stridentes, et* PHIPPS *entre.*]

MME CHEVELEY. [Après une pause.] Lord Goring a simplement sonné pour que vous me reconduisiez. Bonne nuit, Lord Goring !

[*Elle sort, suivie de* PHIPPS. *Son visage est illuminé d'un triomphe maléfique. Il y a de la joie dans ses yeux. La jeunesse semble être revenue en elle. Son dernier regard est comme une flèche rapide.* LORD GORING *se mord la lèvre et allume une cigarette.*]

LE RIDEAU TOMBE.

QUATRIÈME ACTE

Scène

Identique à l'Acte II.

[LORD GORING *se tient près de la cheminée, les mains dans les poches. Il a l'air plutôt ennuyé.*]

LORD GORING. [*Sort sa montre, l'inspecte, puis sonne la sonnette.*] Quelle nuisance. Je ne trouve personne dans cette maison avec qui parler. Et j'ai plein d'informations intéressantes. J'ai l'impression d'être la dernière édition de je ne sais quoi.

[*Un domestique entre.*]

JAMES. Sir Robert est toujours au Foreign Office, milord.

LORD GORING. Lady Chiltern n'est pas encore descendue ?

JAMES. Son altesse n'a pas encore quitté sa chambre. Miss Chiltern vient d'arriver après une promenade à cheval.

LORD GORING. [*À lui-même.*] Ah ! c'est quelque chose.

JAMES. Lord Caversham attend Sir Robert depuis un moment dans la bibliothèque. Je lui ai dit que votre seigneurie était ici.

LORD GORING. Merci ! Veuillez lui dire que je suis parti.

JAMES. [*S'incline.*] J'en ferai part, milord.

[*Le domestique sort.*]

LORD GORING. Vraiment, je ne veux pas rencontrer mon père trois jours de suite. C'est beaucoup trop d'excitation pour un fils. J'espère vraiment qu'il ne montera pas. Les pères ne devraient ni être vus ni entendus. C'est la seule base appropriée pour la vie de famille. Les mères, c'est différent. Les mères sont adorables.

[*S'assoit dans un fauteuil, prend un journal et commence à le lire.*]

[*Entrez* LORD CAVERSHAM.]

LORD CAVERSHAM. Eh bien, monsieur, que faites-vous ici ? Vous perdez votre temps, comme d'habitude, je suppose ?

LORD GORING. [*Jette le journal et se lève.*] Mon cher père, quand on rend visite, c'est dans le but de faire perdre du temps aux autres, pas au sien propre.

LORD CAVERSHAM. Avez-vous réfléchi à ce dont je vous ai parlé hier soir ?

LORD GORING. Je n'ai pensé à rien d'autre.

LORD CAVERSHAM. Êtes-vous fiancé ?

LORD GORING. [*Avec bonne humeur.*] Pas encore, mais j'espère l'être avant le déjeuner.

LORD CAVERSHAM. [*D'un ton caustique.*] Vous pouvez attendre jusqu'au dîner si cela vous arrange.

LORD GORING. Merci infiniment, mais je préfère être fiancé avant le déjeuner.

LORD CAVERSHAM. Hum ! On ne sait jamais quand vous êtes sérieux ou non.

LORD GORING. Moi non plus, père.

[*Un moment de silence.*]

LORD CAVERSHAM. Je suppose que vous avez lu le Times ce matin ?

LORD GORING. [*D'un ton léger.*] Le Times ? Certainement pas. Je ne lis que le Morning Post. Tout ce que l'on doit savoir sur la vie moderne, c'est où se trouvent les duchesses ; le reste est tout à fait démoralisant.

LORD CAVERSHAM. Voulez-vous dire que vous n'avez pas lu l'article principal du Times sur la carrière de Robert Chiltern ?

LORD GORING. Mon Dieu ! Non. Que dit-il ?

LORD CAVERSHAM. Que devrait-il dire, monsieur ? Tout en éloges, bien sûr. Le discours de Chiltern hier soir sur le projet du canal argentin était l'une des plus belles pièces d'éloquence jamais prononcées à la Chambre depuis Canning.

LORD GORING. Ah ! Je n'ai jamais entendu parler de Canning. Je n'ai jamais voulu le faire. Et ... et Chiltern a-t-il défendu le projet ?

LORD CAVERSHAM. Le défendre, monsieur ? Comme vous le connaissez mal ! En fait, il l'a dénoncé avec véhémence, ainsi que tout le système de finances politiques modernes. Ce discours marque un tournant dans sa carrière, comme le souligne The Times. Vous devriez lire cet article, monsieur. [*Ouvre le Times.*] « Sir Robert Chiltern ... le plus brillant de nos jeunes hommes d'État ... Orateur brillant ... Carrière sans tache ... Intégrité de caractère reconnue ... Représente ce qu'il y a de meilleur dans la vie politique anglaise ... Contraste noble avec la moralité relâchée si courante chez les politiciens étrangers. » On ne dira jamais cela de vous, monsieur.

LORD GORING. J'espère sincèrement que non, père. Cependant, je suis ravi de ce que vous me dites à propos de Robert, vraiment ravi. Cela montre qu'il a du courage.

LORD CAVERSHAM. Il a plus que du courage, monsieur, il a du génie.

LORD GORING. Ah ! Je préfère le courage. Ce n'est pas aussi courant de nos jours que le génie.

LORD CAVERSHAM. J'aimerais que vous entriez au Parlement.

LORD GORING. Mon cher père, seules les personnes qui ont l'air ennuyeuses entrent à la Chambre des communes, et seules les personnes ennuyeuses y réussissent.

LORD CAVERSHAM. Pourquoi ne cherchez-vous pas à faire quelque chose d'utile dans la vie ?

LORD GORING. Je suis beaucoup trop jeune.

LORD CAVERSHAM. [*Irrité.*] Je déteste cette affectation de jeunesse, monsieur. Elle est beaucoup trop répandue de nos jours.

LORD GORING. La jeunesse n'est pas une affectation. La jeunesse est un art.

LORD CAVERSHAM. Pourquoi ne proposez-vous pas à cette jolie Miss Chiltern ?

LORD GORING. Je suis d'une constitution très nerveuse, surtout le matin.
LORD CAVERSHAM. Je ne pense pas qu'il y ait la moindre chance qu'elle vous accepte.

LORD GORING. Je ne sais pas comment les paris sont aujourd'hui.

LORD CAVERSHAM. Si elle vous acceptait, elle serait la plus jolie sotte d'Angleterre.

LORD GORING. C'est exactement ce que j'aimerais épouser. Une épouse parfaitement sensée me réduirait à l'état d'idiot absolu en moins de six mois.

LORD CAVERSHAM. Vous ne la méritez pas, monsieur.

LORD GORING. Mon cher père, si nous épousions les femmes que nous méritons, nous passerions un très mauvais moment.

[*Entre* MABEL CHILTERN.]

MABEL CHILTERN. Oh ! ... Comment allez-vous, Lord Caversham ? J'espère que Lady Caversham se porte bien ?

LORD CAVERSHAM. Lady Caversham est comme d'habitude, comme d'habitude.

LORD GORING. Bonjour, Miss Mabel !

MABEL CHILTERN. [*Ne faisant aucune attention à* LORD GORING *et s'adressant exclusivement à* LORD CAVERSHAM.] Et les chapeaux de Lady Caversham ... sont-ils un peu mieux ?

LORD CAVERSHAM. Ils ont fait une grave rechute, je suis désolé de le dire.

LORD GORING. Bonjour, Miss Mabel !

MABEL CHILTERN. [*À* LORD CAVERSHAM.] J'espère qu'une opération ne sera pas nécessaire.

LORD CAVERSHAM. [*Souriant à son impertinence.*] Si c'est le cas, nous devrons donner un narcotique à Lady Caversham. Sinon, elle ne consentirait jamais à ce qu'on touche une plume.

LORD GORING. [*Avec plus d'insistance.*] Bonjour, Miss Mabel !

MABEL CHILTERN. [*Se retournant avec feinte surprise.*] Oh, vous êtes là ? Bien sûr, vous comprenez qu'après avoir manqué à notre rendez-vous, je ne vous adresserai plus jamais la parole.

LORD GORING. Oh, je vous en prie, ne dites pas une telle chose. Vous êtes la seule personne à Londres que j'aime vraiment avoir à écouter.

MABEL CHILTERN. Lord Goring, je ne crois jamais un seul mot que nous nous disons l'un à l'autre.

LORD CAVERSHAM. Vous avez tout à fait raison, ma chère, tout à fait raison... en ce qui le concerne, j'entends.

MABEL CHILTERN. Pensez-vous que vous pourriez faire en sorte que votre fils se comporte un peu mieux de temps en temps ? Juste pour changer.

LORD CAVERSHAM. Je regrette de dire, Miss Chiltern, que je n'ai aucune influence sur mon fils. J'aimerais en avoir. Si j'en avais, je sais ce que je lui ferais faire.

MABEL CHILTERN. J'ai bien peur qu'il ait l'une de ces natures terriblement faibles qui ne sont pas sensibles à l'influence.

LORD CAVERSHAM. Il est très sans cœur, très sans cœur.

LORD GORING. Il me semble que je suis un peu de trop ici.

MABEL CHILTERN. C'est très bien que vous soyez de trop, et que vous sachiez ce que les gens disent de vous dans votre dos.

LORD GORING. Je n'aime pas du tout savoir ce que les gens disent de moi dans mon dos. Cela me rend beaucoup trop vaniteux.

LORD CAVERSHAM. Après cela, ma chère, je dois vraiment vous dire au revoir.

MABEL CHILTERN. Oh ! J'espère que vous n'allez pas me laisser seule avec Lord Goring ? Surtout à une heure aussi matinale de la journée.

LORD CAVERSHAM. Je crains de ne pas pouvoir l'emmener avec moi à Downing Street. Ce n'est pas le jour du Premier ministre pour recevoir les chômeurs.

[*Serre la main de* MABEL CHILTERN, *prend son chapeau et sa canne, et sort en lançant un dernier regard indigné à* LORD GORING.]

MABEL CHILTERN. [*Prend les roses et commence à les disposer dans un bol sur la table.*] Les gens qui ne respectent pas leurs rendez-vous dans le parc sont horribles.

LORD GORING. Détestables.

MABEL CHILTERN. Je suis contente que vous l'admettiez. Mais j'aimerais que vous n'ayez pas l'air si satisfait.

LORD GORING. Je n'y peux rien. J'ai toujours l'air satisfait quand je suis avec vous.

MABEL CHILTERN. [*Tristement.*] Alors je suppose que c'est mon devoir de rester avec vous ?

LORD GORING. Bien sûr que oui.

MABEL CHILTERN. Eh bien, mon devoir est quelque chose que je ne fais jamais, par principe. Cela me déprime toujours. Donc, je suis désolée, mais je dois vous quitter.

LORD GORING. S'il vous plaît, ne partez pas, Miss Mabel. J'ai quelque chose de très important à vous dire.

MABEL CHILTERN. [*Ravie.*] Oh ! est-ce une demande en mariage ?

LORD GORING. [*Un peu décontenancé.*] Eh bien, oui, c'est... je suis obligé de dire que oui.

MABEL CHILTERN. [*Soupirant de plaisir.*] Je suis tellement heureuse. C'est la deuxième aujourd'hui.

LORD GORING. [*Indigné.*] La deuxième aujourd'hui ? Quel imbécile prétentieux a osé vous proposer avant que je vous propose ?

MABEL CHILTERN. Tommy Trafford, bien sûr. C'est l'un des jours de Tommy pour proposer. Il propose toujours les mardis et les jeudis, pendant la saison.

LORD GORING. Vous ne l'avez pas accepté, j'espère ?

MABEL CHILTERN. Je fais toujours en sorte de ne jamais accepter Tommy. C'est pourquoi il continue de proposer. Bien sûr, comme vous n'êtes pas venu ce matin, j'ai failli dire oui. Ça aurait été une excellente leçon à la fois pour lui et pour vous. Ça vous aurait appris à mieux vous comporter.

LORD GORING. Oh ! Tommy Trafford m'importe peu. Tommy est un petit sot. Je vous aime.

MABEL CHILTERN. Je sais. Et je pense que tu aurais pu le mentionner avant. Je suis sûre que je t'ai donné plein d'occasions.

LORD GORING. Mabel, sois sérieuse. S'il te plaît, sois sérieuse.

MABEL CHILTERN. Ah ! c'est le genre de chose qu'un homme dit toujours à une fille avant de l'épouser. Il ne le dit jamais après.

LORD GORING. [*Lui prenant la main.*] Mabel, je t'ai dit que je t'aime. Ne peux-tu pas m'aimer un peu en retour ?

MABEL CHILTERN. Tu es bête, Arthur ! Si tu savais quelque chose sur... sur quoi que ce soit, ce que tu ne sais pas, tu saurais que je t'adore. Tout le monde à Londres le sait, sauf toi. C'est un scandale public, la façon dont je t'adore. Depuis six mois, je me promène en disant à toute la société que je t'adore. Je m'étonne que tu consentes encore à me parler. Je n'ai plus du tout de réputation. Du moins, je suis tellement heureuse que je suis certaine de ne plus avoir de réputation du tout.

LORD GORING. [*La prend dans ses bras et l'embrasse. Puis s'ensuit un moment de béatitude.*] Chérie ! Tu sais, j'avais terriblement peur d'être rejeté !

MABEL CHILTERN. [*Le regardant.*] Mais personne ne t'a jamais refusé, Arthur ? Je n'arrive pas à imaginer quelqu'un te refuser.

LORD GORING. [*Après l'avoir embrassée à nouveau.*] Bien sûr que je ne suis pas assez bien pour toi, Mabel.

MABEL CHILTERN. [*Se blottissant contre lui.*] Je suis tellement heureuse, mon amour. J'avais peur que tu le penses.

LORD GORING. [*Après une hésitation.*] Et j'ai... j'ai un peu plus de trente ans.

MABEL CHILTERN. Chéri, tu as l'air de plusieurs semaines de moins que ça.

LORD GORING. [*Enthousiasmé.*] Comme c'est gentil de dire ça !... Et il est juste de te dire franchement que je suis terriblement dépensier.

MABEL CHILTERN. Mais moi aussi, Arthur. Nous sommes donc sûrs d'être d'accord. Et maintenant, je dois aller voir Gertrude.

LORD GORING. Dois-tu vraiment ? [*L'embrasse.*]

MABEL CHILTERN. Oui.

LORD GORING. Alors, dis-lui que je veux lui parler en particulier. J'ai attendu ici toute la matinée pour la voir, elle ou Robert.

MABEL CHILTERN. Tu veux dire que tu n'es pas venu ici expressément pour me demander en mariage ?

LORD GORING. [*Triomphalement.*] Non, c'était un éclair de génie.

MABEL CHILTERN. Ton premier.

LORD GORING. [*Avec détermination.*] Le dernier.
MABEL CHILTERN. Je suis ravie de l'entendre. Maintenant, ne bouge pas. Je serai de retour dans cinq minutes. Et ne succombe à aucune tentation pendant mon absence.

LORD GORING. Chère Mabel, tant que tu n'es pas là, il n'y en a pas. Je suis terriblement dépendant de toi.

[*Entre* LADY CHILTERN.]

LADY CHILTERN. Bonjour, chère ! Comme tu es jolie !

MABEL CHILTERN. Comme tu as l'air pâle, Gertrude ! C'est très flatteur !

LADY CHILTERN. Bonjour, Lord Goring !

LORD GORING. [*S'inclinant.*] Bonjour, Lady Chiltern !

MABEL CHILTERN. [*À part à* LORD GORING.] Je serai dans la serre, sous le deuxième palmier à gauche.

LORD GORING. Deuxième à gauche ?

MABEL CHILTERN. [*Avec un air de fausse surprise.*] Oui, le palmier habituel.

[*Lui envoie un baiser, inaperçu par* LADY CHILTERN, *et sort.*]

LORD GORING. Lady Chiltern, j'ai une certaine quantité de très bonnes nouvelles à vous annoncer. Mrs. Cheveley m'a rendu la lettre de Robert hier soir, et je l'ai brûlée. Robert est sauvé.

LADY CHILTERN. [*S'effondrant sur le canapé.*] En sécurité ! Oh ! Je suis tellement heureuse de l'apprendre. Quel bon ami tu es pour lui, pour nous !

LORD GORING. Il n'y a maintenant qu'une personne qui pourrait être considérée comme étant en danger.

LADY CHILTERN. Qui ça ?

LORD GORING. [*S'asseyant à côté d'elle.*] Toi-même.

LADY CHILTERN. Moi ? En danger ? Que veux-tu dire ?

LORD GORING. Le mot danger est trop fort. C'est un mot que je n'aurais pas dû utiliser. Mais j'admets avoir quelque chose à te dire qui pourrait te peiner, qui me peine terriblement. Hier soir, tu m'as écrit une lettre très belle, empreinte de ta féminité, me demandant mon aide. Tu m'as écrit en tant que l'un de tes plus anciens amis, l'un des plus anciens amis de ton mari. Mrs. Cheveley a volé cette lettre dans mes appartements.

LADY CHILTERN. Eh bien, à quoi lui servira-t-elle ? Pourquoi ne pourrait-elle pas l'avoir ?

LORD GORING. [*Se levant.*] Lady Chiltern, je vais être tout à fait franc avec toi. Mrs. Cheveley interprète cette lettre d'une certaine manière et propose de la renvoyer à ton mari.

LADY CHILTERN. Mais quelle interprétation pourrait-elle lui donner ? ... Oh ! pas ça ! Pas ça ! Si moi, dans ... dans la détresse, et cherchant ton aide, te faisais part de mon intention de venir te voir ... que tu puisses me conseiller ... m'assister ... Oh ! y a-t-il des femmes aussi horribles que ça ... ? Et elle propose de la renvoyer à mon mari ? Dis-moi ce qui s'est passé. Raconte-moi tout ce qui s'est passé.

LORD GORING. Mrs. Cheveley était cachée dans une pièce adjacente à ma bibliothèque, sans que je le sache. Je pensais que la personne qui attendait dans cette pièce pour me voir, c'était toi. Robert est entré de façon inattendue. Une chaise ou quelque chose est tombé dans la pièce. Il s'est frayé un chemin à l'intérieur et il l'a découverte. Nous avons eu une scène terrible. Je pensais encore que c'était toi. Il m'a quitté en colère. À la fin de tout ça, Mrs. Cheveley a mis la main sur ta lettre, elle l'a volée, quand ou comment, je ne sais pas.

LADY CHILTERN. À quelle heure cela s'est-il produit ?

LORD GORING. À dix heures et demie. Et maintenant, je propose que nous disions tout cela à Robert immédiatement.

LADY CHILTERN. [*Le regardant avec une stupéfaction presque terrifiée.*] Tu veux que je dise à Robert que la femme que tu attendais n'était pas Mrs. Cheveley, mais moi-même ? Que c'était moi que tu pensais être cachée dans une pièce de ta maison, à dix heures et demie du soir ? Tu veux que je lui dise ça ?

LORD GORING. Je pense qu'il vaut mieux qu'il connaisse la vérité exacte.

LADY CHILTERN. [*Se levant.*] Oh, je ne pourrais pas, je ne pourrais pas !

LORD GORING. Puis-je le faire ?

LADY CHILTERN. Non.

LORD GORING. [*Gravement.*] Tu te trompes, Lady Chiltern.

LADY CHILTERN. Non. La lettre doit être interceptée. C'est tout. Mais comment puis-je le faire ? Les lettres arrivent pour lui à chaque instant de la journée. Ses secrétaires les ouvrent et les lui remettent. Je n'ose pas demander aux domestiques de m'apporter ses lettres. Ce serait impossible. Oh ! pourquoi ne me dis-tu pas quoi faire ?

LORD GORING. Je t'en prie, calme-toi, Lady Chiltern, et réponds aux questions que je vais te poser. Tu as dit que ses secrétaires ouvrent ses lettres.
LADY CHILTERN. Oui.

LORD GORING. Qui est avec lui aujourd'hui ? M. Trafford, n'est-ce pas ?

LADY CHILTERN. Non. Je crois que c'est M. Montford.

LORD GORING. Tu peux lui faire confiance ?

LADY CHILTERN. [*D'un geste de désespoir.*] Oh ! comment le saurais-je ?

LORD GORING. Il ferait ce que tu lui demanderais, n'est-ce pas ?

LADY CHILTERN. Je pense que oui.

LORD GORING. Ta lettre était sur du papier rose. Il pourrait la reconnaître sans la lire, n'est-ce pas ? Par la couleur ?

LADY CHILTERN. Je suppose que oui.

LORD GORING. Est-il dans la maison maintenant ?

LADY CHILTERN. Oui.

LORD GORING. Alors, je vais aller le voir moi-même et lui dire qu'une certaine lettre, écrite sur du papier rose, doit être transmise à Robert aujourd'hui, et qu'à tout prix, elle ne doit pas lui parvenir. [*Se dirige vers la porte et l'ouvre.*] Oh ! Robert monte les escaliers avec la lettre à la main. Elle est déjà arrivée jusqu'à lui.

LADY CHILTERN. [*Avec un cri de douleur.*] Oh ! tu as sauvé sa vie ; qu'as-tu fait de la mienne ?

[*Entre* SIR ROBERT CHILTERN. *Il a la lettre à la main et la lit. Il s'approche de sa femme sans remarquer la présence de* LORD GORING.]
SIR ROBERT CHILTERN. « Je te veux. Je te fais confiance. Je viens vers toi. Gertrude. » Oh, mon amour ! Est-ce vrai ? Me fais-tu réellement confiance et me veux-tu ? Si c'est le cas, c'était à moi de venir vers toi, pas à toi d'écrire que tu viens vers moi. Cette lettre que tu as écrite, Gertrude, me fait sentir que rien de ce que le monde pourrait faire ne peut plus me blesser. Tu me veux, Gertrude ?

[LORD GORING, *invisible pour* SIR ROBERT CHILTERN, *fait un signe suppliant à* LADY CHILTERN *pour qu'elle accepte la situation et l'erreur de* SIR ROBERT.]

LADY CHILTERN. Oui.

SIR ROBERT CHILTERN. Tu me fais confiance, Gertrude ?

LADY CHILTERN. Oui.

SIR ROBERT CHILTERN. Ah ! pourquoi n'as-tu pas ajouté que tu m'aimais?

LADY CHILTERN. [*Prenant sa main.*] Parce que je t'aimais.

[LORD GORING *passe dans la serre.*]

SIR ROBERT CHILTERN. [*L'embrassant.*] Gertrude, tu ne sais pas ce que je ressens. Quand Montford m'a passé ta lettre à travers la table – il l'avait ouverte par erreur, je suppose, sans regarder l'écriture sur l'enveloppe – et que je l'ai lue – oh ! je ne me souciais pas de la honte ou de la punition qui m'attendait, je pensais seulement que tu m'aimais encore.

LADY CHILTERN. Il n'y a ni déshonneur ni honte publique qui t'attendent. Mrs Cheveley a remis à Lord Goring le document qu'elle détenait, et il l'a détruit.

SIR ROBERT CHILTERN. Es-tu sûre de cela, Gertrude ?

LADY CHILTERN. Oui, Lord Goring vient juste de me le dire.

SIR ROBERT CHILTERN. Alors je suis sauvé ! Oh, quelle merveilleuse chose que d'être sauvé ! Pendant deux jours, j'ai vécu dans la terreur. Maintenant, je suis sain et sauf. Comment Arthur a-t-il détruit ma lettre ? Dis-moi.

LADY CHILTERN. Il l'a brûlée.

SIR ROBERT CHILTERN. J'aurais aimé voir ce péché de ma jeunesse se consumer en cendres. Combien d'hommes de notre époque aimeraient voir leur passé se consumer en cendres devant eux ! Arthur est-il encore ici ?

LADY CHILTERN. Oui, il est dans la serre.

SIR ROBERT CHILTERN. Je suis si heureux maintenant d'avoir prononcé ce discours hier soir à la Chambre, si heureux. Je l'ai fait en pensant que la honte publique pourrait en être le résultat. Mais ce n'a pas été le cas.

LADY CHILTERN. Le résultat a été l'honneur public.

SIR ROBERT CHILTERN. Je le crois. Je le crains presque. Car même si je suis à l'abri de toute détection, même si toutes les preuves contre moi sont détruites, je suppose, Gertrude... Je suppose que je devrais me retirer de la vie publique ? [*Il regarde anxieusement sa femme.*]

LADY CHILTERN. [*Avec empressement.*] Oh oui, Robert, tu devrais le faire. C'est ton devoir de le faire.

SIR ROBERT CHILTERN. C'est beaucoup à abandonner.

LADY CHILTERN. Non, ce sera beaucoup à gagner.
[SIR ROBERT CHILTERN *continue à marcher de long en large dans la pièce avec une expression troublée. Puis il s'approche de sa femme et pose sa main sur son épaule.*]

SIR ROBERT CHILTERN. Et tu serais heureuse de vivre quelque part seule avec moi, à l'étranger peut-être, ou à la campagne, loin de Londres, loin de la vie publique ? Tu n'aurais aucun regret ?

LADY CHILTERN. Oh non, Robert, aucun.

SIR ROBERT CHILTERN. [*Tristement.*] Et ton ambition pour moi ? Tu étais ambitieuse pour moi.

LADY CHILTERN. Oh, mon ambition ! Je n'en ai plus, si ce n'est que nous nous aimions l'un l'autre. C'est ton ambition qui t'a égaré. Ne parlons plus d'ambition.

[LORD GORING *revient de la serre, avec l'air très satisfait de lui-même et une boutonnière entièrement nouvelle que quelqu'un a faite pour lui.*]

SIR ROBERT CHILTERN. [*Allant vers lui.*] Arthur, je dois te remercier pour ce que tu as fait pour moi. Je ne sais pas comment te rendre la pareille. [*Ils se serrent la main.*]

LORD GORING. Mon cher ami, je vais te le dire tout de suite. À l'heure actuelle, sous le palmier habituel... Je veux dire dans la serre...

[*Entre* MASON.]

MASON. Lord Caversham.

LORD GORING. Mon admirable père a vraiment pris l'habitude de se présenter au mauvais moment. C'est très peu aimable de sa part, vraiment très peu aimable.

[*Entre* LORD CAVERSHAM. MASON *sort.*]

LORD CAVERSHAM. Bonjour, Lady Chiltern ! Chaleureuses félicitations, Chiltern, pour ton brillant discours d'hier soir. Je viens de quitter le Premier Ministre, et tu vas obtenir le poste vacant au Cabinet.

SIR ROBERT CHILTERN. [*Avec un air de joie et de triomphe.*] Un poste au Cabinet ?

LORD CAVERSHAM. Oui, voici la lettre du Premier Ministre. [*Tend la lettre.*]

SIR ROBERT CHILTERN. [*Prend la lettre et la lit.*] Un poste au Cabinet !

LORD CAVERSHAM. Certainement, et tu le mérites amplement. Tu possèdes ce que nous recherchons tant dans la vie politique de nos jours : un caractère élevé, une moralité élevée, des principes élevés. [*À* LORD GORING.] Tout ce que tu n'as pas, monsieur, et que tu n'auras jamais.

LORD GORING. Je n'aime pas les principes, père. Je préfère les préjugés.

[SIR ROBERT CHILTERN *est sur le point d'accepter l'offre du Premier Ministre, quand il voit sa femme le regarder avec ses yeux clairs et candides. Il réalise alors que c'est impossible.*]

SIR ROBERT CHILTERN. Je ne peux pas accepter cette offre, Lord Caversham. J'ai pris la décision de la décliner.

LORD CAVERSHAM. La décliner, monsieur !
SIR ROBERT CHILTERN. Mon intention est de me retirer immédiatement de la vie publique.

LORD CAVERSHAM. [*En colère.*] Refuser un poste au Cabinet et se retirer de la vie publique ? Je n'ai jamais entendu une telle foutaise de toute ma vie. Pardonnez-moi, Lady Chiltern. Chiltern, pardonnez-moi. [*À* LORD GORING.] Ne souris pas ainsi, monsieur.

LORD GORING. Bien sûr, père.

LORD CAVERSHAM. Lady Chiltern, vous êtes une femme sensée, la femme la plus sensée de Londres, la femme la plus sensée que je connaisse. Voulez-vous empêcher votre mari de faire une telle... de prendre une telle décision... Voulez-vous bien faire cela, Lady Chiltern ?

LADY CHILTERN. Je pense que mon mari a raison dans sa détermination, Lord Caversham. J'approuve cela.

LORD CAVERSHAM. Vous approuvez cela ? Mon Dieu !

LADY CHILTERN. [*Prenant la main de son mari.*] Je l'admire pour cela. Je l'admire énormément pour cela. Je ne l'ai jamais autant admiré auparavant. Il est encore plus admirable que je ne le pensais. [*À SIR ROBERT CHILTERN.*] Tu vas maintenant écrire ta lettre au Premier Ministre, n'est-ce pas ? N'hésite pas, Robert.

SIR ROBERT CHILTERN. [*Avec une pointe d'amertume.*] Je suppose qu'il vaut mieux que je l'écrive tout de suite. De telles offres ne se répètent pas. Je vous demande de m'excuser un instant, Lord Caversham.

LADY CHILTERN. Puis-je t'accompagner, Robert, n'est-ce pas ?

SIR ROBERT CHILTERN. Oui, Gertrude.

[LADY CHILTERN *sort avec lui.*]

LORD CAVERSHAM. Qu'est-ce qui ne va pas dans cette famille ? Quelque chose de mal ici, hein ? [*Tapant son front.*] Une idiotie ? Héréditaire, je suppose. Les deux, en plus. Femme aussi bien que mari. Très triste. Très triste en effet ! Et ce ne sont pas des ancêtres. Je ne peux pas comprendre.

LORD GORING. Ce n'est pas de l'idiotie, père, je vous assure.

LORD CAVERSHAM. Alors quoi, monsieur ?

LORD GORING. [*Après une hésitation.*] Eh bien, c'est ce qu'on appelle aujourd'hui un sens moral élevé, père. C'est tout.

LORD CAVERSHAM. Je déteste ces nouveaux noms. La même chose que nous appelions idiotie il y a cinquante ans. Je ne resterai pas plus longtemps dans cette maison.

LORD GORING. [*Prend son bras.*] Oh, entrez ici un instant, père. Le troisième palmier à gauche, le palmier habituel.

LORD CAVERSHAM. Quoi, monsieur ?

LORD GORING. Je vous demande pardon, père, j'ai oublié. La serre, père, la serre, il y a quelqu'un là-bas à qui je veux que vous parliez.

LORD CAVERSHAM. À propos de quoi, monsieur ?

LORD GORING. À propos de moi, père.

LORD CAVERSHAM. [*Sèchement.*] Ce n'est pas un sujet qui permette beaucoup d'éloquence.

LORD GORING. Non, père ; mais cette dame est comme moi. Elle n'apprécie pas beaucoup l'éloquence chez les autres. Elle la trouve un peu bruyante.

[LORD CAVERSHAM *sort dans la serre.* LADY CHILTERN *entre.*]

LORD GORING. Lady Chiltern, pourquoi jouez-vous les cartes de Mrs. Cheveley ?

LADY CHILTERN. [*Surprise.*] Je ne vous comprends pas.

LORD GORING. Mrs. Cheveley a essayé de ruiner votre mari. Soit en le chassant de la vie publique, soit en le poussant à adopter une position dishonorante. Vous l'avez sauvé de cette tragédie. Maintenant, vous lui infligez celle dont elle a échoué. Pourquoi lui faire le mal que Mrs. Cheveley a tenté de lui faire et n'a pas réussi ?

LADY CHILTERN. Lord Goring ?

LORD GORING. [*Se reprenant et laissant paraître le philosophe qui se cache sous le dandy.*] Lady Chiltern, permettez-moi. Vous m'avez écrit une lettre hier soir dans laquelle vous disiez me faire confiance et avoir besoin de mon aide. Maintenant est venu le moment où vous avez vraiment besoin de mon aide, maintenant est le moment où vous devez me faire confiance, faire confiance à mon conseil et à mon jugement. Vous aimez Robert. Voulez-vous détruire son amour pour vous ? Quelle sorte d'existence aura-t-il si vous lui ôtez les fruits de son ambition, si vous le privez de la splendeur d'une grande carrière politique, si vous lui fermez les portes de la vie publique, si vous le condamnez à l'échec stérile, lui qui était destiné à triompher et à réussir ? Les femmes ne sont pas faites pour nous juger, mais pour nous pardonner quand nous avons besoin de pardon. Leur mission est le pardon, pas la punition. Pourquoi le fouetter de verges pour un péché commis dans sa jeunesse, avant qu'il ne vous connaisse, avant qu'il ne se connaisse lui-même ? La vie d'un homme a plus de valeur que celle d'une femme. Elle a des enjeux plus importants, une portée plus large, de plus grandes ambitions. La vie d'une femme tourne en courbes d'émotions, tandis que celle d'un homme progresse sur des lignes d'intellect. Ne faites pas d'erreur terrible, Lady Chiltern. Une femme qui peut conserver l'amour d'un homme, et l'aimer en retour, a fait tout ce que le monde attend des femmes, ou devrait attendre d'elles.

LADY CHILTERN. [*Troublée et hésitante.*] Mais c'est mon mari lui-même qui veut se retirer de la vie publique. Il estime que c'est son devoir. C'est lui qui l'a dit en premier.

LORD GORING. Plutôt que de perdre votre amour, Robert ferait n'importe quoi, il détruirait toute sa carrière, comme il est sur le point de le faire maintenant. Il fait pour vous un sacrifice terrible. Suivez mon conseil, Lady Chiltern, et ne acceptez pas un sacrifice si grand. Si vous le faites, vous le regretterez amèrement. Nous, hommes et femmes, ne sommes pas faits pour accepter de tels sacrifices les uns des autres. Nous ne les méritons pas. D'ailleurs, Robert a été assez puni.

LADY CHILTERN. Nous avons tous les deux été punis. Je l'ai élevé trop haut.

LORD GORING. [*Avec une voix empreinte de profonde émotion.*] Ne le rabaissez pas maintenant trop bas pour cette raison. S'il est tombé de son piédestal, ne le jetez pas dans la fange. L'échec pour Robert serait une honte extrême. Le pouvoir est sa passion. Il perdrait tout, même sa capacité d'aimer. La vie de votre mari est en ce moment entre vos mains, son amour est entre vos mains. Ne les gâchez pas tous les deux pour lui.

[*Entre* SIR ROBERT CHILTERN.]

SIR ROBERT CHILTERN. Gertrude, voici l'ébauche de ma lettre. Dois-je te la lire ?

LADY CHILTERN. Laisse-moi la voir.

[SIR ROBERT *lui tend la lettre. Elle la lit, puis, d'un geste passionné, la déchire.*]

SIR ROBERT CHILTERN. Que fais-tu ?

LADY CHILTERN. La vie d'un homme a plus de valeur que celle d'une femme. Elle a des enjeux plus importants, une portée plus large, de plus grandes ambitions. Nos vies tournent en courbes d'émotions. C'est par des lignes d'intellect que la vie d'un homme progresse. Je viens d'apprendre cela, et beaucoup d'autres choses avec, de Lord Goring. Et je ne gâcherai pas ta vie pour toi, je ne te laisserai pas la gâcher comme un sacrifice inutile !

SIR ROBERT CHILTERN. Gertrude ! Gertrude !

LADY CHILTERN. Tu peux oublier. Les hommes oublient facilement. Et je pardonne. C'est ainsi que les femmes aident le monde. Je le vois maintenant.

SIR ROBERT CHILTERN. [*Profondément bouleversé, l'embrassant.*] Ma femme ! Ma femme ! [*À LORD GORING.*] Arthur, il semble que je te sois toujours redevable.

LORD GORING. Oh, bien sûr que non, Robert. Ta dette est envers Lady Chiltern, pas envers moi !

SIR ROBERT CHILTERN. Je te dois beaucoup. Et maintenant, dis-moi ce que tu voulais me demander juste avant que Lord Caversham n'entre.

LORD GORING. Robert, tu es le tuteur de ma sœur, et je veux ton consentement pour notre mariage. C'est tout.

LADY CHILTERN. Oh, je suis si heureuse ! Je suis si heureuse ! [*Serre la main de* LORD GORING.]

LORD GORING. Merci, Lady Chiltern.

SIR ROBERT CHILTERN. [*Avec un regard troublé.*] Ma sœur pour être ta femme ?

LORD GORING. Oui.

SIR ROBERT CHILTERN. [*Parlant avec une grande fermeté.*] Arthur, je suis désolé, mais cela est totalement hors de question. Je dois penser au bonheur futur de Mabel. Et je ne pense pas que son bonheur serait en sécurité entre tes mains. Et je ne peux pas la sacrifier !

LORD GORING. Sacrifiée !

SIR ROBERT CHILTERN. Oui, totalement sacrifiée. Les mariages sans amour sont horribles. Mais il y a une chose pire qu'un mariage totalement sans amour. Un mariage où il y a de l'amour, mais seulement d'un côté ; de la fidélité, mais seulement d'un côté ; du dévouement, mais seulement d'un côté, et où l'un des deux cœurs est voué à être brisé.

LORD GORING. Mais j'aime Mabel. Aucune autre femme n'a de place dans ma vie.

LADY CHILTERN. Robert, s'ils s'aiment, pourquoi ne pourraient-ils pas se marier ?

SIR ROBERT CHILTERN. Arthur ne peut pas offrir à Mabel l'amour qu'elle mérite.

LORD GORING. Quelle raison avez-vous de dire cela ?

SIR ROBERT CHILTERN. [*Après une pause.*] Voulez-vous vraiment que je vous le dise ?

LORD GORING. Bien sûr que oui.

SIR ROBERT CHILTERN. Comme vous le souhaitez. Quand je suis venu chez vous hier soir, j'ai trouvé Mrs. Cheveley cachée dans vos appartements. Il était entre dix et onze heures du soir. Je ne souhaite rien ajouter de plus. Vos relations avec Mrs. Cheveley n'ont, comme je vous l'ai dit hier soir, rien à voir avec moi. Je sais que vous étiez autrefois fiancé à elle. La fascination qu'elle exerçait sur vous semble être revenue. Vous m'avez parlé d'elle hier soir comme d'une femme pure et sans tache, une femme que vous respectiez et honoriez. Cela peut être vrai. Mais je ne peux pas confier la vie de ma sœur entre vos mains. Ce serait mal de ma part. Ce serait injuste, infamement injuste envers elle.

LORD GORING. Je n'ai rien d'autre à dire.

LADY CHILTERN. Robert, ce n'était pas Mrs. Cheveley que Lord Goring attendait hier soir.

SIR ROBERT CHILTERN. Pas Mrs. Cheveley ! Qui était-ce alors ?

LORD GORING. Lady Chiltern !

LADY CHILTERN. C'était ta propre femme. Robert, hier après-midi, Lord Goring m'a dit que si jamais j'étais en difficulté, je pouvais faire appel à lui pour obtenir de l'aide, car il était notre plus vieux et meilleur ami. Plus tard, après cette terrible scène dans cette pièce, je lui ai écrit en lui disant que je lui faisais confiance, que j'avais besoin de lui, que j'allais lui demander de l'aide et de conseils. [SIR ROBERT CHILTERN *sort la lettre de sa poche.*] Oui, cette lettre. Je ne suis finalement pas allée chez Lord Goring. J'ai senti que c'est de nous seuls que l'aide peut venir. L'orgueil m'a fait penser cela. Mrs. Cheveley y est allée. Elle a volé ma lettre et l'a envoyée anonymement à toi ce matin, pour que tu penses... Oh ! Robert, je ne peux pas te dire ce qu'elle voulait que tu penses...

SIR ROBERT CHILTERN. Quoi ! Étais-je tombé si bas à tes yeux que tu pensais même pour un instant que je pouvais douter de ta bonté ? Gertrude, Gertrude, tu es pour moi l'image immaculée de toutes les bonnes choses, et le péché ne pourra jamais te toucher. Arthur, tu peux aller vers Mabel, et tu as mes meilleurs vœux ! Oh ! attends un instant. Il n'y a pas de nom au début de cette lettre. La brillante Mrs. Cheveley ne semble pas l'avoir remarqué. Il devrait y avoir un nom.

LADY CHILTERN. Laissez-moi écrire la vôtre. C'est à vous que je fais confiance et dont j'ai besoin. À vous et à personne d'autre.

LORD GORING. Eh bien, vraiment, Lady Chiltern, je pense que je devrais récupérer ma propre lettre.

LADY CHILTERN. [*Souriant.*] Non ; tu auras Mabel. [*Prend la lettre et écrit le nom de son mari dessus.*]

LORD GORING. Eh bien, j'espère qu'elle n'a pas changé d'avis. Cela fait près de vingt minutes depuis que je l'ai vue pour la dernière fois.

[*Entre* MABEL CHILTERN *et* LORD CAVERSHAM.]

MABEL CHILTERN. Lord Goring, je trouve que la conversation de votre père est bien plus enrichissante que la vôtre. À l'avenir, je ne parlerai qu'à Lord Caversham, toujours sous le palmier habituel.

LORD GORING. Mon amour ! [*L'embrasse.*]

LORD CAVERSHAM. [*Assez déconcerté.*] Que cela signifie-t-il, monsieur ? Vous ne voulez pas dire que cette charmante et intelligente jeune femme a été assez folle pour vous accepter ?

LORD GORING. Certainement, père ! Et Chiltern a été assez sage pour accepter son poste au Cabinet.

LORD CAVERSHAM. Je suis très heureux de l'apprendre, Chiltern... Je vous félicite, monsieur. Si le pays ne sombre pas dans le chaos ou entre les mains des radicaux, nous vous verrons Premier ministre, un jour.

[*Entre* MASON.]

MASON. Le déjeuner est servi, my Lady !

[MASON *sort.*]

MABEL CHILTERN. Vous déjeunerez avec nous, Lord Caversham, n'est-ce pas ?

LORD CAVERSHAM. Avec plaisir, et je vous conduirai ensuite à Downing Street, Chiltern. Vous avez un grand avenir devant vous, un grand avenir. J'aimerais pouvoir en dire autant de vous, monsieur. [*À LORD GORING.*] Mais votre carrière sera entièrement domestique.

LORD GORING. Oui, père, je préfère le côté domestique.

LORD CAVERSHAM. Et si vous ne faites pas de cette jeune dame une épouse idéale, je vous déshériterai.

MABEL CHILTERN. Un époux idéal ! Oh, je ne pense pas que j'aimerais ça. Ça sonne comme quelque chose dans l'autre monde.

LORD CAVERSHAM. Que voulez-vous donc qu'il soit, ma chère ?

MABEL CHILTERN. Il peut être ce qu'il veut. Tout ce que je veux, c'est être... être... oh ! une véritable épouse pour lui.
LORD CAVERSHAM. Sur ma parole, il y a beaucoup de bon sens là-dedans, Lady Chiltern.

[*Ils sortent tous, sauf* SIR ROBERT CHILTERN. *Il s'effondre dans un fauteuil, plongé dans ses pensées. Après un moment,* LADY CHILTERN *revient pour le chercher.*]

LADY CHILTERN. [*S'appuyant sur le dossier de la chaise.*] Tu ne viens pas, Robert ?

SIR ROBERT CHILTERN. [*Lui prenant la main.*] Gertrude, est-ce de l'amour que tu ressens pour moi, ou n'est-ce que de la pitié ?

LADY CHILTERN. [*L'embrasse.*] C'est de l'amour, Robert. De l'amour, et uniquement de l'amour. Pour nous deux, une nouvelle vie commence.

FIN.

Cher lecteur, J'espère que vous avez apprécié la lecture de ce livre. Pour nous soutenir, nous vous serions reconnaissants de bien vouloir évaluer cet ebook sur Amazon. Cela ne prend que quelques minutes. Merci d'avoir lu ceci.

www.ingramcontent.com/pod-product-compliance
Lightning Source LLC
Chambersburg PA
CBHW070943260726
48661CB00003B/1094